KB155653

대리운전으로
월 500만 원 벌기

대리운전으로 월 500만 원 벌기

초판 1쇄 인쇄일　2022년 10월 24일
초판 1쇄 발행일　2022년 10월 31일

지은이　　　윤정훈
펴낸이　　　최길주

펴낸곳　　　도서출판 BG북갤러리
등록일자　　2003년 11월 5일(제318-2003-000130호)
주소　　　　서울시 영등포구 국회대로72길 6, 405호(여의도동, 아크로폴리스)
전화　　　　02)761-7005(代)
팩스　　　　02)761-7995
홈페이지　　http://www.bookgallery.co.kr
E-mail　　　cgjpower@hanmail.net

ⓒ 윤정훈, 2022

ISBN 978-89-6495-254-2　03320

험한 세상의 다리가 되어준 '대리운전'

윤정훈
지음

대리운전으로
월 500만 원 벌기

BG 북갤러리

대리운전으로 월 500만 원, 할 수 있는 일이다

한마디로 빈털터리였다. 무작정 집을 나와서 5년 6개월간의 별거 끝에 그나마 얼마간 가지고 있던 자금도 이것저것 사업을 한다고 홀랑 까먹고 말아먹은 것이 치명적이었다. 내가 왜 이렇게 되었는지 생각할 겨를도 없이 당장 눈앞의 생계를 위해 뭔가를 해야만 했다. 특별한 기술이 없는 한국의 50대 남자가 할 수 있는 일은 별로 없었다.

'내가 과거 어떤 사람인데 취직조차 못 하겠냐.' 하는 객기도 잠시였다. 간신히 식당에 주차원으로 근무하게 되었지만 어느 날 갑자기 찾아온 어깨통증으로 그만두어야만 했다. 그 후 친구의 소개로 갔던 태권도체육관 운전기사 면접에도 떨어졌다. 주유소 모집 광고를 보고 전화했더니 유경험자가 아니라 거절당했다. "그깟 주유하는 데 무슨 경험이 필요하냐."고 화를 냈지만, 그냥 내 화풀이로만 끝났다. 심지어 설거지하는 사람을 뽑는다는 식당에도 전화했더니 남자라 거절당했다. 나도 설거지를 잘할 수 있다고 하소연했지만, 전화가 뚝 끊어지고 말았다.

세상 어디에도 나를 필요로 하는 곳은 없었다. 갈 곳이 없는 나그네 신세였다. 그러던 중 우연히 생활정보지 〈교차로〉에 '대리기사 앞차 하실 분 모십니다.'라는 광고를 보고 면접을 보았다. 막연하게 생각했던 대리기사를 하게 된다는 사실이 신기했지만 내가 다섯 명째 면접을 보는 거란다. 나는 그렇게 대리기사를 시작하게 되었다.

대리기사를 막 시작하면서 술 취한 손님의 욕설과 폭언 때문에 일을 하는 도중에 화장실에 가서 펑펑 울기도 했고, 긴장한 나머지 고속도로에서 수원으로 빠져나가지 못해 서울까지 가서 돌아온 적도 있다. 그리고 밤 12시, 8차선 대로변에서 전동휠을 타고 가다가 넘어져 머리가 깨지고, 정신을 잃기도 했다. 만약에 그때 지나가던 한 청년이 119에 전화를 해주지 않았더라면 지금 나는 이 세상 사람이 아닐 것이다.

길어야 3개월만 하고 새로운 사업을 시작하리라 다짐하며 시작한 일이 한 해, 두 해를 넘겨 4년간 했다. 언젠가는 내가 겪은 일을 반드시 책으로 쓰리라는 결심을 했었고, 지금 나는 이 글을 쓰고 있다.

발버둥 칠수록 절망이라는 늪에 깊이 빠지고 마는 삶 속에서 나를 건져준 것이 바로 대리운전이다. 대리운전을 할 수 없었다면 나는 오늘도 병들고 지친 몸을 이끌고 어느 이름 모를 공사판에서 모래 등판을 짊어지며

힘겹고 고통스러운 인생을 살고 있었을지도 모른다. 아니 어쩌면 병이 들어 겨우 끼니를 때우다가 지쳐서 고독하게 골방에서 죽어가고 있을지도 모른다.

처음에는 오후 7시부터 새벽 3시까지, 때론 밤을 꼬박 새우며 겨우겨우 150만 원을 벌었다. 한 달 생활비도 안 됐다. 함께 일하는 사람의 갑질을 견딜 수 없어 2인 1조를 그만두었다.

새벽에 우연히 만난 선배 대리기사에게 편의점 음료수를 대접해가며 어떻게 하면 하루에 당신처럼 15만 원, 20만 원 이상을 벌 수 있는지 묻고 또 물었다. 그렇게 배우고 실행한 덕분에 나중에는 월 200만 원의 적금을 부을 수 있었다. 그때 적금을 부은 것은 58년 내 인생에 가장 잘한 일이다.

4년간의 짧다면 짧고, 길다면 긴 세월을 대리운전하면서 정말 많은 종류의 사람들을 만나고, 수많은 일을 겪었다. 욕설과 주먹질을 하는 사람도 있었고, 나를 위해 차 안에서 마치 DJ처럼 내가 원하는 곡을 틀어준 젊은이도 있었다. 그때 송대관의 '네 박자'를 틀어달라고 했었다.

"내려보는 사람도, 위를 보는 사람도 어차피 쿵 짝이라네~."

대리기사는 잠시 술 취한 손님의 차를 대신해 운전해주는 기사일 뿐이다. 아랫사람이나 하인처럼, 아니 노예처럼 부릴 수 있는 사람이 아니다. 그런데 대리기사를 아랫사람이나 하인처럼, 심지어는 노예처럼 대하는 사람들이 간혹 있다.

어두운 밤거리를 달리는 대리기사이지만, 어두운 밤길을 다닌다고 인생길이 어두운 건 아니다. 이슬도 차가운 새벽녘 길거리에서 만난 선배 대리기사에게 배웠던 것을 실행하며 겪었던 수많은 시행착오와 노하우, 온몸으로 부딪쳐야만 했던 에피소드를 가감 없이 그대로 이야기하려고 한다. 여기에 나의 4년간 대리운전의 애환과 설움, 웃음과 희망을 몽땅 담아보려 한다.

부디 당신이 이 책을 통해 실패와 가난 그리고 설움에서 하루빨리 벗어나 당당하게 월 500만 원을 벌 수 있기를 기대해 본다. 쉬운 일은 아니지만 그리 어려운 일도 아니다. 누구나 할 수 있는 일이다.

윤정훈

차례

3장 프로 대리기사가 되는 노하우   95

1장 어쩌다 대리운전

01 주차원, 어깨통증으로 그만두다

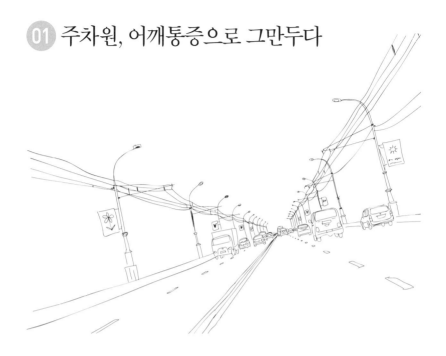

　야심 차게 준비한 새로운 온라인 사업과 잉크사업의 실패로 이제 내 주머니는 텅 비었다. 마치 메마른 사막에 홀로 선 기분이었다. 이제 오아시스를 찾아 이 메마르고 거친 사막을 걸어야 하는 때가 온 것이다.

　고민하던 중에 보험을 하고 있는 중학 동창인 ○○이로부터 반가운 전화가 왔다.

　"정훈아, 식당에서 주차원을 구한다는데 한 번 해볼래?"

　한 번 해본다니 열 번이라도 해야지. 고색동에 있는 '○○○ 순대국'에 면접을 보러 갔다. 무엇보다 내가 좋아하는 순댓국을 매일 먹을 수 있다는 게 기뻤다.

면접을 보고 다음 날부터 출근하기로 했다. 11시부터 오후 3시까지 4시간 근무하는데 125만 원이라니, 내 생각으로는 괜찮은 급여였다.

여름의 뜨거운 태양 아래에서 일해야 하기 때문에 다이소에 가서 토시를 샀다. 내일 출근을 한다고 생각하니 약간의 설렘과 두려움이 교차한다.

아침에 일어나 대충 아침 식사를 하고 집에서 10시 10분에 출발, 10시 40분쯤 'ㅇㅇㅇ 순대국'에 도착했다. 직원들과 간단한 인사를 나누고, 주차안내원으로 근무했던 사람에게 어떻게 하는지 배워가며 일을 했다. 주차안내라는 게 거저먹는 일이라고 생각했는데 뙤약볕 아래에서 점심시간에 몰려드는 차를 안내하고 주차하는 게 만만한 일은 아니었다.

바쁘게 정신없이 이리저리 차를 안내하며 일을 하고 있는데 어느 날 갑자기 양쪽 어깨에 통증이 왔다. 예전에 만났던 오십견이 또 왔다고 생각하고 아무렇지도 않게 일을 했지만 통증이 점점 가중되었다.

'예전에 오십견이 왔을 때 운동으로 나았으니 이번에도 역시 운동을 해야지.' 하는 생각으로 부식차에서 물건을 내리는데 일부러 무거운 것을 들어서 여러 번 옮겼다. 벽에 손을 대고 팔굽혀 펴기도 해보았다. 운동한 덕인지 어깨가 가벼운 느낌이 들었다.

점심시간이 지나자 한가했다. 식당 안에 들어가서 뙤약볕을 피하고 싶은 마음이 들었지만, 눈치가 보여 들어가지 않았다. 차라리 점심시간처럼 바쁜 게 나았다. 뙤약볕 아래 그냥 있으려니 어린 시절 풀잎 줄기에 뒤집어서 말려놓은 거머리가 된 거 같다.

즐거운 마음으로 퇴근을 했다. 운전을 하는데 핸들을 돌리기 어려울 정도로 팔이 아프다. 아니 정확하게 어깨가 아파졌다.

'이상하다. 일부러 운동을 충분히 해준 거 같은데.'

간신히 집에 도착해서 무엇이 잘못된 건진 네이버에 검색해서 물어보았다. 네이버가 답한다.

"네 증상은 오십견이 아닌 회전근개 파열이야. 회전근개 파열은 팔을 움직이면 안 되는 거야. 근데 넌 오십견인 줄 알고 팔을 마구 썼지. 그래서 더 큰 탈이 난 거야."

견딜 수 없는 어깨통증에 옷을 제대로 벗지도 못하고 침대에 대자로 누워버렸다. 나도 모르게 입에서 앓는 소리가 흘러나왔다. 결국 고통을 이기지 못하고 눈물이 나기 시작했다.

새벽 2시가 넘어가고 있다. 펑펑 눈물을 흘리다 울음을 그치고 보니 배가 고프다. 일어나서 라면이라도 끓여 먹고 싶은데 일어나기는커녕 누워 있는 것조차 힘이 들 지경이다.

그렇게 밤을 새웠다. 배고픈 것도 참을 수 있고, 눈물이 나도 웃을 수 있었지만, 오줌이 마려운 건 어찌할 도리가 없다. 힘들게 복층계단을 내려서 1층에 있는 화장실을 가면서 나는 복층구조의 원룸을 얻은 걸 후회했다. 아니 복층 원룸을 얻은 나 자신을 원망했다.

다음 날 아침에도 역시 팔과 어깨의 통증으로 꼼짝을 할 수 없었다. 견딜 수 없는 통증으로 하루 종일 홀로 침대에 누워 울기만 했다. 그다음 날도 마찬가지였다. 결국 나는 'ㅇㅇㅇ 순대국' 사장님에게 사과의 말씀과 함께 팔이 아파 일을 할 수 없게 된 사정을 전화로 말씀드려야 했다. 이런 사정을 전화로 말씀드려야 하다니 정말 송구스럽고 면목이 없는 일이었다.

02 경력자만 취업하는 세상

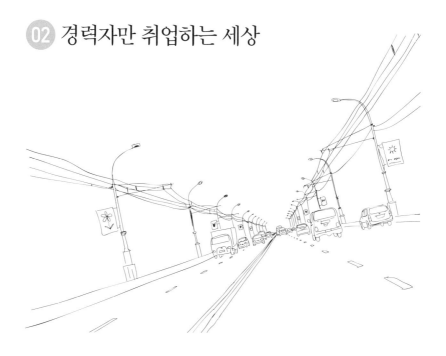

주유원모집 퇴짜

식당 주차원을 어깨통증으로 그만두고 이제는 어찌할까 고민하는 중에 〈교차로〉 구인광고가 떠올랐다. 이런저런 구인광고를 살펴보았지만 무엇을 해야 할지 감을 잡을 수가 없었다. 그때 주유원과 학원 12인승 운전기사를 모집하는 광고가 눈에 들어왔다.

'이거라면 내가 할 수 있겠다.'라는 반가운 마음에 먼저 주유원을 모집하는 곳에 전화했다.

"여보세요. 주유원을 모집한다고 하셔서 전화드렸습니다."

일부러 경쾌한 '솔 톤'으로 얘기했다. 그런데 뜻밖의 질문을 받았다.

"혹시 이런 일을 해보셨나요?"

"해본 적이 없는데요."

주유하는데도 경력이 필요하다는 말인가.

경력자를 뽑는다며 야속하게 전화를 끊는다.

태권도학원 기사모집 퇴짜

운전기사를 채용하는 태권도학원에 전화를 걸었다. 수원이 아닌 용인 쪽이라 좀 멀게 느껴지기는 하지만 지금 찬밥, 더운밥을 가릴 처지가 아니었다. 반갑게 전화를 받으며 오늘이라도 면접을 보러 오란다. 오후에 방문 약속을 하고 방문하였다.

체육관에 들어서니 아이들의 기합 소리가 체육관에 가득하다.

'귀여운 녀석들. 내가 앞으로 너희들을 봉고차에 태우고 다닐 운전기사란다.'

그렇게 되길 바라며 관장님을 만났다.

"면접을 보러온 사람입니다."

이런 일을 해봤냐? 아이들은 좋아하냐? 등등 질문에 대부분 "그렇다."고 했다. 2, 3일 내로 결과를 얘기해주겠다고 한다. 며칠간을 초조한 마음으로 전화를 기다렸지만 1주일이 지나도 아무 연락이 없다.

설거지할 사람 모집 퇴짜

다시 〈교차로〉 구인광고를 봤다. '설거지할 사람'이라는 광고가 눈에 띈다. 설거지라면 매일 하는 건데 이거야말로 자신 있다는 생각으로 전화를 걸었다.

"광고 보고 전화드렸습니다. 설거지할 사람 필요하시다구요?"

"어~. 남자분이시네요. 남자는 안됩니다."

아니 주유소는 경험이 없어서 안 된다더니, 설거지하는데 왜 남자가 안 된다는 건가.

"저~ 남자는 왜 안된다는 거죠?"

"아~ 글쎄."

짜증 나는 목소리와 함께 전화를 끊었다.

영화 '겨울 나그네'에서 집안이 몰락한 민우 - 강석우 - 가 선배인 현태 - 안성기 - 를 찾아가 절망한 채 품에 안기며 했던 대사가 생각났다.

"형. 나 이제 갈 곳이 없어."

나도 이제 갈 곳이 없다.

03 아내가 던진 노트북에 얻어맞다

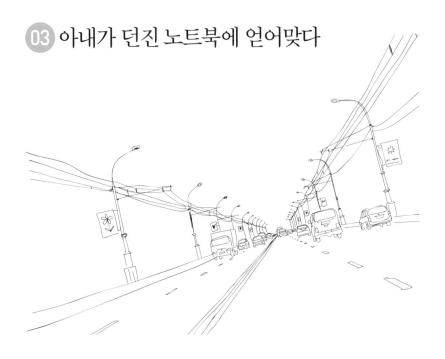

　회사 숙직실에서 자고 먹고 있을 때였다. 그날은 일요일이라 중학 동창 녀석과 회의실에서 막걸리를 한잔 마시며 스크린을 펴고 빔프로젝터로 영화를 보고 있었다. 막걸리를 마시며 영화를 보는 건 영화에 대한 예의가 아니지만. 아무튼 즐거운 시간을 보내고 있었다.

　한참 영화에 몰두하고 있는데 갑자기 회의실 문이 열리더니 한 여인이 들어왔다.

　"야! 니들이 지금 여기서 술 마시고 영화 볼 때야. 아이고 이것들이 그냥!"

　갑자기 저승사자를 만난 기분이었다. 나를 향해 주먹이 날아왔다. 피하려고 했지만, 뜻대로 되지 않았다. 그녀는 얼마나 화가 났는지 급기야는 영화를 재생하고 있던 노트북을 나를 향해 집어 던졌다. 그것 역시 피하려고 했지만, 뜻대로 되지 않았다.

노트북이 날라와 턱 쪽에 맞으면서 피가 났다. 그녀는 다름 아닌 별거 중인 아내였다. 아내가 무슨 일로 일요일에 회사에 나왔는지 원망스러울 따름이다. 나는 지금 이게 영화 속 상황인지, 현실인지 구분할 수가 없었다. 욕을 먹고 맞는 것까지는 견딜 만했지만, 중학 동창 녀석 앞에서 이런 험한 일을 당해야 한다니 정말 창피해서 얼굴을 들 수가 없었다.

친구는 어찌할 바를 몰라 옆에 그냥 서 있었다. "이러지 마세요."라며 아내를 말려보았지만 소용없는 일이었다. 아내는 무슨 말인지 알아들을 수 없는 말을 내뱉고는 회의실을 나갔다.

회의실에 남겨진 나와 친구는 그저 망연자실할 뿐이었다. 그래도 막걸리와 안주는 무사했기에 우리 둘은 남은 술을 말없이 마셨다. 친구에게 무슨 말이건 하고 싶었지만 아무 말도 할 수 없었다.

아내는 나중에 미안하다며 하는 이야기가 돈을 벌어서 갖다 주지 않으면서 친구랑 술만 마시고 빈둥대는 내가 미워서 그랬다고 한다. 별거라지만 엄연히 가장이고 일을 해서 가정에 보탬이 되어야 하는데 나는 그렇지 못했다. 나름 일하려고 이리저리 알아보고는 있었지만, 결과는 항상 마이너스였다.

역시 남자는 돈을 벌어서 집안에 갖다 줘야 사람대접을 받나 보다.

04 원룸으로 독립하다

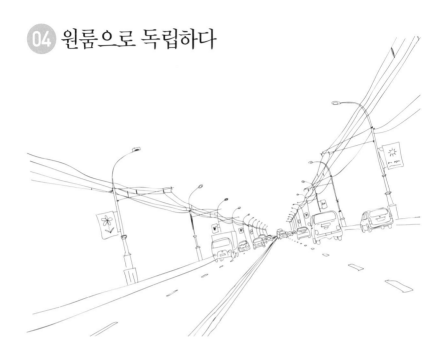

아내에게 욕먹은 지 며칠이 지났다. 잠에서 깨어 회사 숙직실에서 애벌레처럼 꼼지락거리고 있는데 친구에게 전화가 왔다.

"뭐하냐?"

"뭐하긴. 그냥 집에 있지?"

내가 아무렇지도 않게 대답했더니 친구 녀석이 정색하고 말한다.

"야, 인마. 니가 집이 어딨어?"

그 말을 듣는 순간 망치로 머리를 한 대 얻어맞은 것 같은 느낌이 들었다.

'그렇구나. 나에게 집이 없었네.'

나는 심드렁하게 큰 소리로 말했다.

"근데 왜 전화한 거야?"

녀석은 뜻밖의 얘기를 해서 나를 놀라게 했다. 원룸이 하나 있는데 보증금 100만 원에 월세가 7만 원이란다. 망포동에 싸고 좋은 원룸이 있으니 회사 숙직실에서 거지처럼 지내지 말고 그곳으로 들어가 살란다. 나는 세상에 그런 원룸이 어디 있냐고 따져 물었다. 월세 7만 원짜리 원룸이 있다니 정말 말도 안 되는 소리다. 정말 사람 하나 겨우 누워 지내는 고시촌도 그거보다는 비쌀 것이다. 그것도 수원 영통에 그런 원룸이 있다니. 순간 녀석이 나를 놀리는 것 같아서 기분이 상했다.

"너 ○○○, 그놈이 감방 갔다 온 거 알지?"

나 원 참 그놈이 감방 갔다 온 거랑 월세 7만 원짜리 원룸이랑 무슨 상관이 있다는 건지 나는 더욱 짜증이 나서 물었다.

"응, 그래. 내가 그놈 면회도 갔다 왔거든. 근데 그게 왜?"

○○○가 현재 원룸에 세를 얻어서 살고 있는데 정부에서 원룸을 싸게 지원을 해주는 게 있단다. 살고 있는 원룸의 계약 기간이 많이 남아 있어서 정부가 지원해주는 원룸으로 이사할 수 없으니 당분간 내가 대신 그 원룸에서 살라는 것이다. 여기까지 얘기를 들으니 이게 꿈인가 생시인가 싶었다. 가슴이 콩닥거렸다.

'그럼 지금 여기 하꼬방에서 탈출할 수 있다는 말인가? 감방에 갔다 오는 것도 그렇게 나쁘지 않은데?'

어렵사리 보증금 100만 원을 마련하여 건물주인 친구에게 건네고 원룸으로 이사를 하기로 했다. 급한 대로 중고매매센터에서 장롱을 구입했다. 전기밥솥은 예전에 사용했던 3인용을 그대로 사용하면 됐다. 세탁기와 냉장고는 네이버 중고나라에서 구입했다.

　내 차는 승용차였기 때문에 세탁기와 냉장고를 실을 수 없었다. 화물차를 부르면 간단하게 해결되지만, 비용이 문제였다. 화물비용이 물건값의 절반이 넘었다. 할 수 없이 건물주인 친구에게 부탁했다. 감방을 가기 전에 인테리어사업을 했었던 친구인데 화물차를 한 대 가지고 있었다. 세탁기와 냉장고 좀 옮겨달라고 부탁을 하니 겨우 허락하였다. 냄비와 칼, 도마, 국그릇과 밥그릇 같은 주방 도구를 사는데 마치 신혼살림을 차리는 듯한 착각이 들었다.

　이것저것 살림을 장만하고 이사를 했다. 원룸이지만 조그만 베란다도 있고, 장판이며 벽지도 새로 되어있어서 무척 깔끔하고 좋았다. 싱크대도 새것이었다. 햇볕이 워낙 잘 들어오는 곳이라 커튼이 필요했다. 햇볕이 잘 들어오는 것이 너무 좋았다. 앞으로 내 인생이 빛날 것처럼 보였다.

　커튼은 건물주인 친구가 달아주었다. 예전에 인테리어를 했던 친구라 커튼을 깔끔하게 잘 달아주었다. 물론 커튼은 내가 사고, 다는 비용은 줄 수 없었지만 대신 삼겹살에 소주 한잔을 함께 마셨다. 식당에서 친구와 함께 삼겹살에 소주 한잔을 마시며 생각했다.

　'내일 아침이면 잠에서 깨어 창문을 열고 밝은 햇살을 볼 수 있겠지.'

　회사 숙직실에서 지낸 지 정확히 1년 1개월 만이었다.

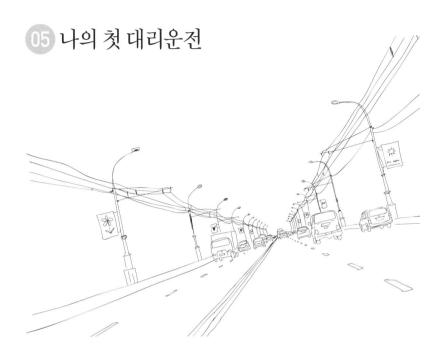

05 나의 첫 대리운전

주차원 일을 어깨통증으로 인해 그만두고 난 후 '그래도 무언가 할 일이 있겠지.' 하는 막연한 기대감으로 다시 〈교차로〉를 뒤적거리다가 재미있는 광고를 접하게 되었다.

'대리기사 앞차 하실 분을 모십니다.'

대리운전에 앞차, 뒤차가 있다는 말인가. 호기심에 전화를 걸었다. 면접을 보아야 하니 오후에 권선동의 어느 커피숍으로 오란다. 면접을 볼 커피숍으로 향했다.

커피숍에 도착하니 마른 체형의 얼룩말을 닮은 듯한 50대 중반의 남성이 앉아 있다. 한눈에 보아도 내가 만나야 할 사람임을 알 수 있었다.

"면접을 보러 온 사람입니다."

인사를 하고 자리에 앉았다. 뭘 마시겠냐고 하길래 항상 그렇듯이 나는 뜨거운 블랙커피를 시켰다. 집은 어디냐, 무슨 일을 하고 있느냐는 등 여러 가지를 묻고 답했다. 나는 "월수입이 백만 원은 되겠냐?"고 물었다. "백만 원 이상은 충분히 된다."라는 대답을 들었다. 대리운전으로 백만 원을 벌 수 있다니 믿기지 않았다. 백만 원으로는 생활비를 하기에 부족했지만, 그거라도 벌 수 있다면 바랄 게 없었다. 그때는 그만큼 절박했었다.

"그럼, 언제부터 일을 시작하게 되나요?"

'당장 내일부터라도 합시다.'라는 말을 기대하고 물었다. 그런데 지금 면접을 보고 있으니 5일 내로 연락을 주겠다고 한다. 친절하게도 내가 다섯 명째라는 것까지 가르쳐준다. 면접결과를 기다려야 한단 말인가.

"그럼, 좋은 소식 기다리겠습니다."라는 말을 남기고 총총걸음으로 커피숍을 나왔다.

정확히 5일 후에 그로부터 연락이 왔다. 설레고 기쁜 마음으로 전화를 받았다.

"저, 면접 봤던 ㅇㅇㅇ입니다. 언제부터 하실 수 있을까요?"

나는 테너 가수처럼 높은 톤으로 얘기했다.

"바로 내일부터 할 수 있습니다."

2인 1조로 대리운전을 하는데 앞차란 손님의 차를 운전하는 것이고, 뒤차란 뒤에서 앞차를 따라가는 것을 말한다. 그러니까 뒤차를 함께 타고 있다가 대리운전 콜을 잡고 손님에게 가서 내가 앞차를 하고, 면접을 보았던 사람이 뒤차를 하는 것이다.

나는 이렇게 면접을 보고 2인 1조로 대리운전을 시작하게 되었다.

2장 대리운전 시작

01 목표설정

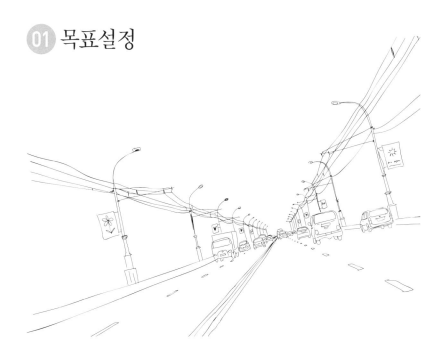

주업인가 아르바이트인가를 정하자

대리운전을 하다 보면 다른 대리기사를 많이 만나게 된다. 그냥 무심하게 지나치기도 하지만 때로는 가볍게 인사를 하는 경우도 있고, 서로 인사하고 잠깐 이야기를 나누기도 한다. 그런데 서로 인사를 하고 잠깐 이야기를 나누는 경우가 대부분 젊은 대리기사를 만났을 때이다. 그럴 때는 '저렇게 젊은 사람이 왜 대리운전을 할까?' 의문을 가지게 된다. 대화를 해보면 그런 경우 십중팔구는 직장을 다니면서 투잡으로 하는 사람들이다.

나는 호기심이 많아서일까. 길거리에서 만나는 대리기사와 어떻게든

말 한마디라도 더 하려고 노력한다. 궁금한 게 있으면 급하게 가려는 사람을 붙잡고서라도 대답을 들으려 한다. 그럴 때는 젊은 대리기사들에게 내가 귀찮은 존재일 것이다.

일하는 시간과 수입이 얼마인지 다른 대리기사를 만나도 궁금하지만, 직장을 다니면서 투잡으로 하는 대리기사들을 만나면 더 궁금하다.

"투잡으로 하는데, 하루 수입은 얼마나 돼요?"

나는 그 수입을 듣고 놀랐다. 대부분 10만 원 정도의 수입이 된다고 한다. 투잡으로 하면서 생각보다 괜찮은 수입이다. 그러면 나는 여기서 그치지 않고 몇 시간을 일하는지도 묻는다. 얼마를 버는가도 중요하지만 얼마 동안 일해서 버느냐도 중요하지 않은가. 보통 퇴근 후 저녁 7시에 시작해서 12시까지 한다.

일하는 시간과 수입 외에 한 가지 더 묻는 게 있다. 다음 날 피곤해서 직장 일에 지장을 주지 않는가 하는 점이다. 대부분 아무 지장이 없다고 했다. 역시 정신력의 문제라고 생각한다.

보통 직장을 다니면서 투잡으로 하는 사람들은 토요일과 일요일에는 일하지 않는다. 투잡으로 하면서 토·일요일에도 일한다는 사람을 본 적이 없다. 토·일요일을 쉰다고 해도 평균적으로 월 200만 원 정도의 수입이 되는 것이다. 직장을 다니면서 절대 적지 않은 수입이다. 거기다 투잡으로 대리운전을 하는 젊은 사람들이 이구동성으로 하는 이야기가 있다.

"대리운전을 하면 친구들과 어울릴 시간이 없어서 돈 쓸 일이 별로 없어요. 어떻게 보면 그게 더 버는 일이에요."

나는 투잡으로 대리운전을 하려는 젊은이들에게 이런 이야기를 해주고 싶다.

"월 200만 원의 수입보다 더 큰 것은 대리운전 경험을 통해 세상을 넓고 멀리 보는 지혜라는 자산이 생깁니다."

1. 퇴근 후 투잡으로 꾸준히 대리운전을 하면 월 200만 원 정도의 수입을 올릴 수 있다.

2. 투잡이라고 해서 뜨문뜨문하기보다 꾸준히 하는 게 중요하다.

3. 투잡으로 버는 수입은 대출금을 갚거나 적금을 붓는다.

4. 수입도 중요하지만, 세상을 아는 지혜를 얻을 수 있다. 이것 역시 큰 자산이다.

5. 전동휠을 타면 부업으로 해도 월 250만 원 이상의 수입도 가능하다.

* 월 200만 원으로 만족하면 투잡, 월 500만 원이 목표라면 주업이다.

목표금액을 정하자

생계를 위해 급한 마음으로 대리운전을 무턱대고 시작하는 것은 좋지 않다. 그럼 뭘 어쩌란 말인가. 먼저 '얼마를 벌 것인가?' 하는 월수입 목표를 정하는 것이다. 사람은 저마다 형편이 다르게 마련이다. 나처럼 홀로 살면서 자신만의 생계를 꾸려나가야 하는 사람도 있고, 처자식의 생계를 모두 책임져야 하는 사람도 있다. 거기다 아이들 학비까지 부담해야 하는 사람도 있을 것이다. 안타깝게도 대리운전을 하는 사람중에는 나처럼 혼자 사는 경우가 많다. 일하면서 나 같은 처지의 사람을 많이 봐왔다.

먼저 종이 한 장을 꺼내서 자신이 지출해야 할 내역을 적어 보자. 합계를 낸 후 그것을 수입목표로 정해본다. 여기서 주의할 점은 반드시 다만 얼마라도 매월 부을 적금을 더 한다. 그리고 최소한의 인간관계를 위해 지출할 부분도 더하는 것이 좋겠다. 대리운전을 하다 보면 인간관계에 담을 쌓고 지내게 된다. 이건 마치 자기 자신을 울타리에 가두고 사육하는 것과 마찬가지이다.

나 자신도 거의 매일 새벽 4시에 밥을 먹고 잠들면서 '나는 사육당하고 있구나.'라는 생각으로 절망한 적이 있다. 일주일에 하루 정도는 쉬면서 대리기사가 아닌 다른 친구나 지인들을 만나는 시간을 갖거나 쉬는 날만큼은 여유 있게 하루를 보내는 게 좋다. 무슨 배부른 소리냐고 할 수도 있겠지만 사람은 기계가 아니다. 아니 기계도 적당한 휴식시간을 가져야 한다.

이렇게 월수입 목표가 정해져야 몇 시간을 일할 것인지, 어떻게 일을 할 것인지를 계획할 수가 있다. 대리운전이란 그야말로 자신의 품을 팔아 먹고사는 일이다. 그러니까 뛴 만큼 버는 일이다. 대부분 직장인도 자신의 품을 팔아서 먹고살지만, 그와는 또 다르다. 직장인이야 아프면 병가를 낼 수 있고, 휴가도 낼 수 있다. 하지만 대리기사는 아파서 자신이 일하지 못하면 수입은 '0'다.

월수입 목표를 정하고 거기에 맞게 준비하고 일을 시작해보자.

1. 먼저 자신의 형편에 맞게 수입목표를 정하자.

2. 수입목표가 있어야 몇 시간 일하고, 어떻게 일을 할 것인지 정할 수 있다.

3. 수입목표를 정했다면 이제 출발점에 선 것이다.

3년마다 1억 적금을 타는 대리기사

저녁을 먹고 산책삼아 대로변을 걷다 보니 버스정류장 의자에 앉아있는 60대 초반쯤 되어 보이는 남자가 보인다. 휴대폰을 뚫어져라 쳐다보고 있는 걸 보니 대리기사인 게 확실하다. 나이로 보나, 휴대폰을 바라보고 있는 자세로 보나 대리 일을 10년 이상은 하신 분 같아 보였다.

"안녕하세요? 혹시 대리 일을 하시나요?"

그는 나를 물끄러미 쳐다보더니 말했다.

"그런데요."

나는 버스정류장에 오랫동안 앉아 있는 게 의아해서 그에게 물었다.

"오늘 일이 별로 없으신가 보죠?"

그는 멋쩍은 웃음을 지어 보이며 말했다.

"네, 오늘은 별로 일이 없네요."

그가 한가한 덕분에 많은 애기를 나눌 수 있었다. 그는 50대 초반에 회사를 그만두고 대리 일을 시작한 지 10년이 넘었다고 했다. 가장 궁금했던 것 중의 하나가 어디서 일을 시작하는가였다. 그는 용인 쪽에 살고 있는데 점심을 먹은 후 용인 근처 골프장에서 시작한다고 했다. 자신의 차를 가지고 골프장으로 가는 것이다.

"그럼, 일이 끝나고 차를 가지러 가시나요?"

일이 끝난 곳이 자신의 차를 주차한 곳에서 멀 때는 일단 집으로 들어가고, 다음 날 차를 가지러 가기도 한다. 적당한 거리이면 택시를 타고 차를 가지러 간다.

"죄송하지만 그렇게 일을 하시면 하루 수입이 얼마나 되나요?"

"하루 30만 원 이상은 벌어요."

내가 믿을 수 없다는 표정을 짓고 있자 그가 말했다.

"제가 이렇게 벌고 적금을 부어서 3년마다 1억을 타요."

나는 더욱 놀라서 토끼 눈이 되었다. 적금 1억을 탄다는 사람을 난생처음 본다.

"매번 3년마다 적금을 탑니다. 아들 녀석이 하나 있는데 가끔씩 보태주고는 해요."

나는 이 말을 듣고 그의 아들로 태어나지 못한 것이 억울했다. 그는 조그만 자신의 아파트를 하나 가지고 있으며 혼자 살면서 돈을 쓸 일도 별로 없고 그래서 나름대로 여유가 있는 사람이었다.

그는 주머니에서 조그만 수첩을 꺼내더니 내 눈앞에 내밀었다. 그 수첩에는 그날그날의 수입이 자세하게 적혀 있었다. 이걸 보고 자신의 말을 믿어달라는 것이리라. 수첩에는 거의 매일 30만 원이 넘는 금액의 일일 합계가 적혀 있었다.

가만히 생각해보니 점심식사를 하고 오후 1시에 일을 시작해서 새벽 1시까지 일을 한다면 충분히 가능한 금액이었다. 그런데 그는 갑자가 바지를 걷고 자신의 무릎을 보여 주었다. 그리고 웃으며 말했다.

"제가 매일 걸어서 일하다 보니까. 무릎이 좋지 않아서 큰 수술을 했었어요."

그의 말대로 양쪽 무릎에 지렁이 모양의 수술한 자국이 크고 선명하게 보였다. 그 모습을 보자 무척 안쓰러운 생각이 들었다.

내 집이 근처라고 말했더니 그럼 내 차로 2인 1조로 하자고 했다. 나는 흔쾌히 허락했다. 대리 일을 배울 수 있는 좋은 기회를 놓칠 리가 있는가. 바로 콜을 잡고 움직였다. 세류동 신수원상가 앞에서 손님을 태우고 수지 상현동으로 가는 콜이었다. 그가 손님을 태우고 가는 차를 뒤따랐다.

새벽 1시가 다 되어 가는 시간인데 그는 신호등을 모두 지키면서 운전했다. 상현동에 도착해서 손님을 내렸다. 내 차를 타더니 2만 원을 나에게 건넨다. 나는 깜짝 놀라서 말했다.

"아니 무슨 2만 원씩이나 주세요."

어차피 자신을 골프장까지 태워줄 테니 택시비까지 포함해서 주는 거란다. 그러고 보니 맞는 계산이다. 그의 차가 있는 용인 골프장에 내려주고 나는 집으로 향했다. 시간을 보니 새벽 1시 30분을 지나고 있다. 운전을 하며 이런 생각이 들었다.

'내가 초보 대리기사인 걸 솔직히 얘기하고 좀 더 배울걸 그랬나?'

1. 정확한 목표를 갖고 일하는 좋은 예시라고 생각한다.

2. 점심식사 후 골프장에서 높은 금액의 콜을 잡고 일을 시작해서 새벽 1시까지 일을 했다.

3. 월 270만 원씩 3년간 적금을 부으면 만기에 1억 원을 탈 수 있다.

4. 그는 대리운전을 10년 이상 한 노하우를 가지고 있었다.

하루 수입 40만 원 대리기사

대리운전을 하면서 항상 내 머릿속에서 떠나지 않는 생각이 하나 있었다. 어떻게 하면 하루에 1만 원이라도 더 벌 수 있는가. 뭐 그깟 1만 원 가지고 그러냐고 할 수도 있을 것이다. 하지만 하루에 1만 원이지만 한 달 25일을 계산하면 25만 원이 된다.

호매실에서 일을 끝난 게 12시 30분 좀 지나서였다. 호매실에서 매탄동 집으로 오려면 반드시 고가도로를 거쳐야 한다. 지금 이 시간에는 호매실에는 콜이 없다 보니 전동휠을 타고 그냥 집으로 가야 한다. 할 수 없이 고가도로 위를 지났다. 짐승의 울음소리 같은 굉음을 내며 차들이 씽씽 바로 내 옆을 지나갈 때마다 온몸에 소름이 끼친다. 그 공포감을 잊기 위해 난 그저 앞만 보고 달린다. 고가도로를 나오고 바로 눈앞에 해오름 아파트 사거리가 보인다. 고가도로를 빠져나오고 나니 '이제 살았구나.' 하는 생각이 들었다. 그때 바로 눈앞에 전동휠을 타고 가는 대리기사가 보인다. 30대 초반쯤으로 보이는 젊은 대리기사였다.

"안녕하세요? 지금 이 시각에는 콜이 없지요?"

"네, 그렇죠. 뭐."

나는 한 번 더 용기를 내어 물었다. 지금 시간이면 배가 고플 시간이다.

"배고프실 텐데 함께 해장국이라도 드시면 어떨까요? 근처에 24시간 하는 해장국집이 있는데요."

그도 이 시각에 일을 끝내고 거의 매일 그 집에 들러 해장국을 먹고 집에 들어간다고 한다. '오늘도 선배 대리기사를 만나 한 수 배우는구나.' 하는 생각에 마음이 들떴다.

"오늘은 제가 밥값을 내겠습니다."

해장국집에 들어간 건 새벽 1시가 지나서였다. 식당은 밖에서 보는 것보다 넓고 깔끔했다. 해장국 두 그릇을 주문하고 자리에 앉았다.

"대리기사는 하신 지 얼마나 되셨어요?"

나는 그의 대답을 듣고 깜짝 놀랐다. 30대 초반으로 보이는 그가 대리기사를 한 지 10년이 넘었단다. 그럼 몇 살부터 대리운전을 했다는 얘기인가? 자세한 얘기를 들어보니 군 제대 후 직장생활을 하면서부터 퇴근후 짬짬이 투잡으로 대리운전을 했단다. 3, 4년 전부터 아버님이 큰 병이나셔서 간호를 본인이 맡아서 해야 하는 상황이 되었다.

직장생활하면서 대리운전과 아버님 간병은 도저히 감당할 수가 없었다. 결국 아버님 간병을 위해 직장을 그만두고, 대리운전을 하고 있다. 여기까지 얘기를 듣고 다시 한번 놀랐다. 아버님 간병을 위해 회사를 그만두고 대리운전을 하다니. 과연 요즘 이런 젊은이가 몇 명이나 있을까.

술을 한잔하자고 권했는데 사양한다. 집에 들어가 아버님을 돌봐드려야 한다고 말했다.

"오늘 수입이 얼마나 되세요?"

그는 담담한 표정으로 말했다. 40만 원이라고. 아무리 10년 이상의 경력에 30대 초반이고, 전동휠을 탄다지만 12시 30분에 일을 끝내고 40만 원을 벌다니. 나는 입이 딱 벌어졌다.

"아니, 어떻게 하루 40만 원을 벌어요?"

그는 엷은 미소를 지으며 말했다.

"저는 주로 남들이 들어가지 않는 오지를 가요. 남들이 가지 않는 곳이라 금액이 좋거든요."

오지라 금액이 좋은 건 나도 인정한다. 그렇다면 오지에서 그는 어떻게 탈출한다는 말인가. 묻기도 전에 그가 말했다.

"오지에서 먼 거리 콜을 잡고 나와요. 저는 전동휠로 10킬로, 20킬로 가는 걸 무서워하지 않아요."

그는 아버님 간병을 위해 집에 들어가야 한다고 하면서 자리에서 일어났다. 카운터로 가서 계산하려고 하길래 내가 말했다.

"오늘은 제가 계산합니다."

"원래 대리기사들은 각자 계산하는 겁니다."

그는 자신의 해장국 값을 계산하고 밖으로 나갔다.

* 자신만의 노하우를 가지고 일하는 시간을 늘리면 가능한 수입이다.

02 기본준비 및 장비

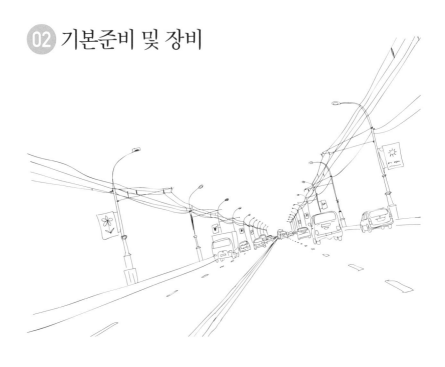

좋은 대리회사 선택법

　나는 대리운전을 시작하면서 2인 1조로 시작을 했기 때문에 대리회사를 고르지 않았다. 뒤차가 시키는 대로 했을 뿐이다. 뒤차가 앞차를 구한다는 〈교차로〉 광고에 의해 면접을 보고 시작했다. 대리회사를 고른다는 것은 자신이 소속되는 회사를 고르는 것이다. 일을 하다 보면 자신이 소속된 회사가 어디인지는 그리 중요하지 않다. 대리앱(애플리케이션, Application)을 보고 콜을 선택해서 일을 하는데 자신이 어떤 회사에 소속이 되어있는지는 사실 아무 상관이 없다.

하지만 가끔 대리기사의 수입을 속이고 착복하는 대리회사가 있다는 얘기를 들은 적이 있다. 그럴 때는 고소를 하는 경우도 있다고 한다. 고소하는 건 당연지사라고 생각한다. 물론 그런 회사는 극소수일 것이다. '금전출납부 쓰기'에서 자세하게 이야기하겠지만 금전출납부를 써서 혹시 모를 일을 점검하고 대비해야 한다.

대리회사를 고르는 데 특별히 신경 써야 할 일은 없는 거 같다. 네이버에서 검색하면 자신이 사는 지역에 대리회사가 나오니 잘 보고 선택하면된다. 내가 선택했던 대리회사를 소개하고자 한다. 바로 '식스대리운전'이다. 이 회사는 대리기사가 전화해서 궁금한 것을 물을 때 친절하게 잘 응대해준다. 코로나19로 재난지원금을 신청할 때도 필요한 서류를 친절하게 잘 준비해 준 곳이기도 하다. 물론 수입계산도 틀리지 않고 입금을 의뢰하면 송금도 거의 실시간으로 해준다.

식스대리운전 031-666-6666
(11시 이후 상담 가능)

한 곳을 더 소개하고자 한다. 바로 '대리go'라는 회사이다. 대리운전을하다 보면 간혹 콜을 잡은 대리회사와 전화통화를 해야 하는 일이 생긴다. 나는 대리회사와 전화통화를 하면서 많은 좌절감과 자괴감을 느껴야했던 경험이 있다. 심지어는 딸과 같은 어린 여직원에게 이런 말을 들은적도 있다.

"야 이 새끼야, 하는 짓을 보니까. 너 친구가 없지?"

너무 황당하고 모욕적인 말이었다. 대리회사와 전화통화를 해보면 친절한 곳이 별로 없다. 대부분 대리기사를 무시하는 말투가 기본이다. 급한 일로 대리회사와 전화통화를 하다 보면 '어떤 회사와 전화했나?' 확인할 틈이 없다. 좋은 일로 대리회사와 통화하는 경우는 거의 없고, 통화가 끝나면 빨리 마무리하고 다음 콜을 잡고 일을 해야 한다.

우연히 대리go와 전화통화를 하게 되었는데 너무 친절해서 마치 삼성 콜센터에 전화를 한 것 같은 느낌을 받았다. 기왕이면 이 회사에 가입하는 걸 추천하고 싶다.

http://daerigo.trism.co.kr:8080/mainPage.do / 1588-7066
(13시~21시 상담 가능)

한 가지 더 '카카오대리운전'은 기본으로 한다. 휴대폰 애플리케이션에서 앱을 내려받아 휴대폰에 설치한 후 앱이 시키는 대로 주민등록번호 입력, 상반신 사진 촬영, 면허증 사진 촬영 등을 한다. 심사 후 통과되면 바로 시작할 수 있다. 심사 기간은 약 1주일 정도 소요된다. 다른 앱과 달리 사용료는 무료이며 콜에 대한 수수료 20% - 대리비의 20%를 수수료로 대리회사에 내게 되어있다 - 만 내면 된다. 카카오대리는 일을 하는 도중에 다른 앱에서 콜이 없을 때 많은 도움이 될 것이다.

1. 가입할 대리회사는 인터넷에서 검색한 후 적당한 곳을 정하면 된다.

2. 식스대리운전 031-666-6666 / 대리go 1588-7066에 문의해서 가입할 수 있다.

3. 대리회사보다 자신이 어떻게 일을 하느냐가 중요하다. 대리운전은 대리앱을 통해서 콜을 잡고 일을 한다.

4. 카카오대리는 기본적으로 가입한다. 카카오대리는 앱 사용료가 따로 없고 보험료도 회사에서 지급해 준다.

보험 가입은 필수

대리기사에게 보험 가입은 필수이다. 보험 가입은 대리운전의 시작이다. 보험 가입 거절은 대리운전을 할 수 없다는 뜻이기도 하다. 보험금액은 일반 보험처럼 연 단위로 계산되지 않고 월 단위로 부과된다. 개인적으로 차이가 있지만 나 같은 경우에는 월 12만 원 정도의 보험료를 냈다. 결코 적은 금액이 아니다. 하지만 당연히 내야 하는 금액이다. 보험료를 건당으로 낼 수도 있지만 월 보험료를 내는 것을 권한다.

카카오대리를 신청할 때도 가입 여부를 결정하는 것은 '보험 가입이 되느냐?' 하는 것이다. 카카오대리의 경우 보험금을 내지 않아도 된다. 카카오 측에서 부담해준다.

대리회사를 선택하고 나서 제일 먼저 보험 가입을 하게 된다. 보험 가입한 후 24시간 후에 바로 대리운전을 시작할 수 있다.

1. 대부분 보험은 자신이 소속한 대리회사에서 가입한다.

2. 보험은 대리운전을 하는 데 필수이며, 월 단위로 보험료를 낸다.

3. 보험 가입을 한 후 24시간 후부터 대리운전이 가능하다.

여러 개의 대리앱 설치

대리앱을 한 개만 깔고 1년 이상을 했다. 가끔 셔틀버스를 타면서 여러 개의 앱을 사용하는 대리기사를 보면서 나는 바보 같은 사람이라고 여겼었다. 대리앱을 사용하려면 개당 월 1만 5천원의 사용료를 낸다. 그러니까 비용을 지급하면서 여러 개의 대리앱을 사용하는 것은 어리석은 짓이라고 생각했던 것이다.

그러던 중 일을 끝내고 어느 대리기사를 만나 함께 식사를 한 적이 있다. 그런데 그 대리기사도 역시 여러 개의 대리앱을 사용하고 있었다. 나는 왜 여러 개의 앱을 사용하고 있는지 물었다. 사실은 왜 그런 바보 같은 짓을 하고 있느냐고 물은 것이었다.

"아니, 그거 당연한 거 아니에요. 한 개만 사용하면 거기서 콜이 없을 때 마냥 기다려야 하잖아요. 여러 개를 사용하면 여기서 콜이 없을 때 저기서 콜이 나와 주는데. 여태까지 그걸 몰랐단 말이에요."

망치로 머리를 얻어맞는 듯한 충격을 받았다. 오히려 지금까지 그것도 모르고 여러 개의 대리앱을 사용하는 대리기사들을 바보라고 생각했던 내가 바보였다. 그 사실을 알고 그 후로 여러 개의 앱을 사용하면서 하루 2만 원 정도의 수입이 더 생겼다. 하루 2만의 수입은 결코 적은 금액이 아니다. 한 달로 치면 50만 원의 수입 차이가 나는 것이다. 일주일에 하루를 쉬고 한 달에 26일간 일을 했다. 수입도 수입이지만 여러 개의 앱에서 콜을 받으니 일도 훨씬 수월하게 할 수 있었다. 그러니까 개당 1만 5천원의 앱 사용료를 지급하고 여러 개의 대리앱을 사용하는 것이 훨씬 큰 이익이다.

내가 만약 새벽에 그 대리기사와 식사를 하면서 그런 질문을 하지 않았더라면, 말을 듣기만 하고 실행하지 않았더라면 나는 애꾸눈처럼 계속해서 오직 한 개의 대리앱만을 바라보며 대리운전을 했을 것이다.

1. 일단 로지앱을 깐다. 로지도 D1, D2 두 가지가 있는데 두 가지 모두 사용한다.

2. 로지 D1, D2를 한꺼번에 볼 수 있는 '로지 분할' 앱도 함께 사용해야 한다.

3. 콜마녀와 I-Driver를 사용한다.

4. 필수로 가입해야 하는 '카카오대리'가 있다.

① 로지 D1, ② 로지 D2, ③ 로지 분할, ④ 콜마녀, ⑤ I-Driver,
⑥ 카카오대리

* 이 정도 앱을 사용하면 대리운전을 하는 데 크게 지장이 없을 것이다. 간혹 더 많은 앱을 사용하는 대리기사를 본 적이 있는데 그건 자신이

선택하기 나름일 것이다. 개인적으로 이 정도면 충분하다고 생각한다.

내비게이션전용 휴대폰 만들기

대리운전을 할 때 내비게이션은 친구이자 동반자 같은 존재이다. 일을 할 때면 가끔 '내비게이션이 없었다면 어떻게 대리운전을 했을까?'라는 생각을 할 때가 있다. 한 개의 휴대폰으로는 전화를 하고, 또 한 개의 휴대폰으로는 내비게이션용으로 쓰면 편하고 효율적으로 대리운전을 할 수 있다.

대부분 대리운전을 할 때 계기판에 휴대폰을 두고 내비게이션으로 사용한다. 그런데 한번은 운행을 마치고 그대로 손님 차에 휴대폰을 두고 내린 적이 있다. 하필이면 손님이 주차장 입구에서 차를 몰고 들어갔기 때문에 휴대폰을 두고 내린 걸 알고 바로 뒤를 쫓아 달려갔지만 결국 놓치고 말았다. 운행을 마치고 완료 버튼을 누르면 가상번호로 전화를 해도 통화가 연결되지 않는다. 그날 눈물을 머금고 일을 마쳐야 했다. 너무 당연한 이야기이지만 휴대폰 없이는 아무 일도 할 수 없다.

그리고 다음 날 오전, 손님이 탔던 장소인 카센터를 찾아갔다. 탔던 손님의 차 종류와 시간을 이야기하고 전화번호를 알 수가 있었다. 만약 카센터가 아닌 다른 곳에서 손님을 태웠거나 탔던 곳을 기억하지 못했더라면 그런 일도 불가능했을 것이다. 그날 오후나 돼서야 그 손님을 만나서 휴대폰을 찾을 수 있었다. 간신히 휴대폰을 손에 쥐는 순간 잃었던 자식을 찾은 느낌이었다.

꼭 이런 경우가 아니더라도 내비게이션전용으로 휴대폰을 한 대 더 사용하면 여러 가지로 편리하고 유용하다. 콜을 잡고, 손님과 전화를 하고, 내비게이션으로 출발지를 검색해서 출발한다. 이때 내비게이션전용 휴대폰이 한 대 더 있으면 두 가지를 동시에 할 수 있다. 손님에게 장소를 묻고 내비게이션을 검색할 때도 별도로 내비게이션전용 휴대폰이 있으면 손님과 통화 중에도 음성으로 검색할 수 있어 편하다.

대부분의 사람이 모르지만 '데이터 함께 쓰기'라는 제도가 있다. 전화통화는 할 수가 없지만, 데이터만 받아서 사용할 수 있는 제도로 별도 비용이 들지 않는다. 그러니까 저렴한 중고폰을 한 대 구입해서 내비게이션전용으로 사용하면 되는 것이다. 사용하고 있는 휴대폰회사의 대리점에 가서 데이터 함께 쓰기를 신청하면 된다. 참고로 데이터 함께 쓰기는 별도로 휴대폰 두 대까지 사용할 수가 있다.

1. 데이터 함께 쓰기를 해서 내비게이션전용 휴대폰을 따로 둔다.

2. 내비게이션전용 휴대폰을 사용하면 대리운전을 하는 데 편리하고 효율적이다.

3. 내비게이션전용 휴대폰은 최신형이나 비싼 것보다는 실용적인 걸 택한다.

4. 비 오는 날을 대비해 방수가 되는 휴대폰을 구입한다. 별표 세 개 ★★★

　가끔 휴대폰을 들고 통화하는 대리기사를 볼 때가 있다. 나는 그런 대리기사를 볼 때면 프로답지 못하다고 생각한다. 대리운전이란 자신의 차가 아닌 손님 차를, 즉 남의 차를 운전하는 일이다. 남의 차를 운전하는 도중 휴대폰을 들고 통화한다는 것은 아마추어 같은 행동이다. 물론 운전을 하면서 통화할 일이 많은 것은 아니다. 그러나 가끔 대리회사에서 오는 전화나 피치 못하게 통화를 해야 할 때가 있다.

　이동 중에도 ○○아파트 몇 동으로 가야 하는지, 주소지 건물에 어느 식당이 있는지, 주차장에서도 어떤 차량인지 묻는 등 많은 통화를 해야 한다. 이럴 때 블루투스 이어폰을 사용하면 좀 더 편하고 안전하게 통화를 할 수 있다. 쿠팡에 '블루투스 이어폰'을 검색하면 4만 원대에 쓸 만한 제품을 살 수가 있다. 쿠팡은 밤 12시 전에 구매하면 다음 날 아침 7시에 제품을 받을 수 있는 '로켓배송'이라는 제도가 있다. 급할 때 다음 날 바로 받을 수 있어 편리한 제도이다.

■ 엠지텍 블루투스 이어폰 C-ALL5500

　블루투스 이어폰은 한쪽 귀에만 꽂아서 사용한다. 골전도 이어폰을 사용하면 좀 더 편리하게 사용하면서 스테레오로 들을 수 있다. 처음에는 블루투스 이어폰을 사용하다가 나중에는 골전도 이어폰을 사용했다. 일하는 동안 통화를 할 때도 편리했지만 일을 마치고 집으로 돌아올 때 음악을 듣기에 무척 좋았다. 골전도 블루투스 이어폰은 귀에 꽂는 방식이 아니라 귀밑에서 음을 듣는 방식이다. 귀밑에 있는 뼈의 진동을 통해 음을 들을 수 있게 만든 것이다. 바로 귀에 꽂아서 사용하는 방식이 아니다. 블루투스 이어폰보다 착용감이 편하고 음질이 좋다. 그래서인지 블루투스 이어폰보다 가격이 좀 비싸다. 골전도 불루투스 이어폰은 역시 같은 회사인 엠지텍이다. 가격은 6만 원이다. 가격대비 그런대로 쓸 만한 제품이다.

■ 엠지텍 골전도 블루투스 이어폰

좀 더 나은 품질의 제품을 원한다면 '애프터샥 골전도 블루투스 이어폰'을 권하고 싶으나 가격이 16만 원 정도 한다. 엠지텍보다 2배가 훨씬 넘는 가격이다. 사용해 보지는 않았지만 가격만큼 성능이 좋은 걸로 알고 있다.

한 달 동안 대리운전을 하더라도 프로답게 하려면 블루투스 이어폰을 착용하는 걸 권한다.

■ 애프터샥 골전도 블루투스 이어폰

1. 대리운전을 하면서 블루투스 이어폰은 기본적으로 갖추자.

2. 골전도 블루투스 이어폰을 사용하면 더욱 편리하다. 가격이 좀 비싸지만 그만큼 효용성이 있다.

휴대폰 암밴드

휴대폰의 대리앱을 뚫어져라 쳐다보지만, 오늘따라 콜이 잘 뜨지 않는다. 대로변으로 전동휠의 말머리를 돌렸다. 이제 여기서는 콜을 만날 수 있을까 하는 기대를 갖고 휴대폰을 보고 있었다. 그런데 눈앞에서 누군가 전화통화를 하면서 씽하는 소리를 내며 지나가고 있는 게 아닌가.

"저~ 어디로 가면 될까요? 네. 여기서 우측으로요."

목소리를 들어보니 분명 여성 대리기사다. 진짜 고개를 돌려 바라보니 여성기사가 전동휠을 타고 내 앞을 바람 소리를 가르면서 지나가는 게 아닌가. 깜짝 놀라 다시 한번 자세히 바라보았다. 그런데 전동휠을 타고 다급한 말투로 팔뚝에다 대고 얘기를 하고 있었다. 알고 보니 팔뚝에 휴대폰을 부착하고 있는 것이었다. 몸집이 작고 작은 키의 여성기사였다. 손님이 어디 있는지 몰라 서두르고 있는 눈치였다. 팔뚝에 부착한 휴대폰으로 계속 손님과 통화를 하면서 여성 대리기사는 내 눈앞에서 사라졌다.

여성 대리기사는 한두 번 본적이 있지만, 전동휠을 타는, 그것도 팔뚝에 휴대폰을 부착하고 통화를 하며 다니는 여성기사는 처음 본다.

나는 그 여성기사가 팔뚝에 대고 이야기하는 것을 보고 휴대폰 암밴드가 있다는 사실을 알게 되었다. 그 후로 내가 보았던 여성기사와 마찬가지로 나도 휴대폰 암밴드에 내비게이션용 휴대폰을 거치하고 다녔다. 휴대폰 암밴드를 사용하고 나서부터는 대리운전을 하면서 이동 중에 손님과 통화하고 내비게이션을 검색하는 데서 받는 스트레스를 날려 버릴 수 있었다. 손에 든 휴대폰으로 통화하고, 편리하게 암밴드에 거치된 내비게이션용 휴대폰으로 검색을 하고 나서 손님에게 달려가면 됐다.

　도보가 아닌 전동휠을 타고 대리운전을 하는 거라면 꼭 갖추어야 할 도구 중의 하나가 바로 휴대폰 암밴드이다. 전동휠을 타고 이동하다 보면 내비게이션을 봐야 한다. 도보로 하든, 2인 1조로 하든 마찬가지이지만. 이때 내비게이션을 손에 들고 보는 것보다는 암밴드를 활용하는 게 훨씬 편리하고 안전하다. 특히 전동휠을 탈 때는 안전을 위해 암밴드를 사용하는 것은 필수라고 할 수 있다.

　나는 초보 시절에 전동휠을 타다가 넘어지면서 손에 들고 있던 휴대폰 – 내비게이션을 보기 위해 손에 들고 있었음 – 이 그대로 바닥에 부딪혀 산산조각이 난 적이 있다. 휴대폰이 박살 나다 보니 손님과 통화를 할 수 없었을 뿐만 아니라 그날 일 자체를 포기해야만 했던 쓰라린 기억이 있다. 그때 만약 1만 2천원짜리 암밴드를 하고 있었다면 몸에 상처는 좀 났더라도 하나의 해프닝으로 끝났을 수도 있었을 것이다.

　휴대폰 암밴드는 세 가지 종류가 있다. 나는 개인적으로 거미줄 형식을 사용했다. 개인적인 취향에 따라 선택하면 될 것이다. 참고로 비닐 커버 형식은 다른 것에 비해 좀 불편하지만 방수 효과가 있어 비 오는 날 유리하다.

휴대폰 암밴드 종류

1. 방수형(비닐 커버) 2. 자석형 3. 거미줄형

두 가지 내비게이션 사용

대리운전을 하면서 내비게이션도 실수한다는 사실을 알게 되었다. 심지어는 도착지에서 내비게이션이 나를 10분 동안이나 빙글빙글 돌게 해서 결국 손님에게 전화해서 간신히 찾아간 적도 있었다. 이런 상황을 대비해서 한 가지 내비게이션만 사용하는 게 아니라 티맵과 카카오내비 두 가지를 사용해야 한다.

티맵이든 카카오내비든 오류가 발생할 때가 있다. 카카오내비보다는 티맵에서 오류가 좀 더 많이 발생하는 거 같다. 처음에는 티맵을 주 내비게이션으로 사용했다가 현재는 카카오내비를 주 내비게이션으로 사용한다.

개인적인 생각이지만 카카오내비가 정확도 면에서 좀 더 나은 것 같다. 카카오내비든 티맵이든 가끔은 목적지를 입력했는데 좀처럼 나오지 않아서 정말 당혹스럽게 만드는 경우가 있다. 그럴 때는 얼른 다른 내비게이션에게 물어보아야 한다. 다행스럽게도 카카오내비나 티맵에서 동시에 오류가 발생하는 일은 지금까지 없었다. 한 개의 내비게이션이 오류가 발생할 때 다른 하나가 제 역할을 해주었다.

두 개의 내비게이션을 사용해야 한다는 것 역시 대리기사 선배를 통해서 배웠다. 나는 대리운전을 시작하고 1년 이상을 항상 티맵 한 개만을 사용했었다. 티맵과 무슨 자매결연을 한 것도 아닌데. 많은 대리기사가 카카오내비를 사용하는 것을 보고도 계속해서 티맵만을 고집했다.

어느 날 티맵을 보고 갔다가 도착지에 거의 다 와서 10분 이상을 헤맨 적이 있다. 바로 목적지가 바로 코앞인데도 찾지 못하니 정말 속이 다 타 들어 갔다. 그때 왜 다른 대리기사들이 두 개의 내비게이션을 사용하는지 깨닫게 되었다. 그 후로는 나도 티맵과 카카오내비 두 개를 사용하게 되었다.

티맵과 카카오내비에는 '음성검색' 기능이 있다. 대리운전을 하면서 목적지를 음성으로 검색하면 이런 기능이 있는 줄 모르고 놀라는 손님이 있다. 검색어를 입력하는 난 옆에 보면 마이크 모양이 있는데 이걸 누르고 원하는 목적지를 말로 하면 된다. 사실 나도 대리운전을 하기 전에는 티맵이나 카카오내비에 음성검색기능이 있는 줄 몰랐었다.

내비게이션이 켜있는 상태에서 티맵은 "아리야!", 카카오내비는 "헤이 카카오!"라고 외치면 음성검색 기능이 실행된다. 문구도 다른 걸로 바꿀 수 있다.

1. 티맵과 카카오내비 두 개를 사용한다.

2. 주 내비게이션은 카카오를 하고 티맵은 가끔 필요할 때 활용한다.

3. 목적지를 검색할 때는 음성검색기능을 사용한다.

4. 티맵은 '아리야', 카카오내비는 '헤이카카오'를 외치면 음성검색 기능이 실행된다.

대리기사 카페 가입

대리운전을 시작하거나 현재 하고 있는 사람이라면 '새벽을 달리는 사람들'이란 네이버 카페에 가입하라고 권하고 싶다. 줄여서 '새달사'라고도 한다. 네이버에 '새달사'라고 검색하고 가입하면 된다. 대리운전에 관심이 있는 사람이라면 일반인도 가입이 가능하다.

초보 대리기사가 알아야 할 사항이나 어디가 오지인지, 셔틀버스는 어디서 타야 하는지 등 다양한 노하우와 정보를 얻을 수 있다. 그리고 어떤 문제가 있거나 궁금한 것이 있을 때 묻고 답할 수 있어서 든든한 친구 같은 역할을 해준다.

나는 비 오는 날 2인 1조를 하면서 뒤차 할 사람을 구할 때 많이 활용했다. '2인 1조 / 꽁지' 코너에 지역과 뒤차의 조건을 간단하게 써놓으면 거의 1시간 이내에 뒤차를 구했던 것 같다. 이 게시판을 활용하면 2인 1조로 대리운전을 할 때 앞차나 뒤차를 할 사람을 쉽게 구할 수 있다.

또 '중고제품' 코너를 통해 대리운전을 하면서 필요한 물건을 다른 곳보다 좀 더 저렴하게 구입할 수 있다. 같은 대리기사로서 물건을 팔고 사기 때문에 대부분 저렴하게 물건을 내놓는다. 특히 전동휠이나 킥보드를 팔고 사는 글이 많이 올라온다. 도보가 아닌 전동휠이나 퀵보드로 대리운전을 하는 사람이라면 제품이나 부품을 구입하거나 팔 때 많은 도움이 될 것이다. 한편으로 '불량업체 / 기사 / 손님' 코너도 잘 보고 익혀두면 일을 하다가 함정에 빠지는 일을 사전에 방지할 수가 있다.

　카페에 가입하고 활동할 때 두 가지 정도 당부하고 싶은 게 있다.
　첫째는 다툼을 벌이지 말라는 것이다. 자기 생각이나 의견과 맞지 않는다고 하여 게시글이나 댓글을 통해 상대와 심하게 다투는 사람이 간혹 있다. 심한 경우 법적 다툼으로까지 번지는 경우도 보았다. 서로 믿고 의지해야 할 사람들끼리 아무것도 아닌 일로 다투며 서로를 헐뜯고 욕하는 일은 별로 아름다워 보이지 않는다. 설사 조금 기분 나쁜 일이 있다고 하더라도 피해 가는 게 상책이다.
　둘째는 그저 보고 듣기만 하는 사람이 아니라 글을 쓰는 사람이 되라는 것이다. 아무 글도 쓰지 않고 보기만 하는 것보다는 자신에게 뭔가 도움이 되는 내용을 보았다면 감사의 댓글이라도 달 줄 아는 사람이 되었으면 좋겠다. 새달사에 나오는 문구 하나를 소개해 본다.
　'악플보다 무서운 게 무플 눈팅입니다.'

　새달사는 대리기사에게 외로울 때 친구가 되어주고, 비가 올 때 비를 막아 주는 우산 같은 존재이다. 새달사에 가입하면 대리운전하는 데 많은 노하우와 정보를 얻고, 서로 소통하고 위로가 되는 좋은 동료를 만날 수 있다.

1. '새달사' 카페에 가입한다.

2. 좋은 정보를 얻거나 도움을 받았을 때는 감사의 댓글을 달자.

3. 의견이 다른 사람과 다툼을 벌이지 말라.

4. 좋은 친구를 만나는 비결은 내가 좋은 친구가 되는 것이다.

크로스백

초보 시절 전동휠을 타고 가면서 손님에게 받은 돈이 맞는지 확인하려다가 바람에 만 원짜리가 날아가서 잃어버린 적이 있다. 운전 중에 손님에게 받은 대리비를 확인하지 않고 바지 주머니에 넣었다가 받은 금액이 맞는지 확인하려다 일어난 일이다. 돈이 날아가자마자 전동휠을 돌려서 돈이 날아간 쪽으로 달려가 보았지만 허사였다. 돈이 날아간 쪽을 바라보면서 부는 바람을 원망하며 얼마나 속이 상했는지 모른다. 무엇보다 나를 더욱 서글프게 했던 것은 찾을 수 없다는 것을 뻔히 알면서도 날아간 돈을 쫓아간 내 자신이었다.

그 후에 나는 크로스백을 구입해서 어깨에 메고 다녔다. 가끔 손님이 운전 중에 대리비를 주는 경우가 있는데 그때 돈을 받아서 어깨에 메고 있는 크로스백에 넣었다. 차에서 내려서 대리비를 받을 때도 마찬가지이다. 크로스백을 어깨에 메고 다니면 여러 가지로 편리하다. 대리비로 받은 돈을 크로스백에 넣어서 안전하게 보관할 수 있고, 비가 올 때는 접는 우산을 크로스백에 넣고 다닐 수도 있다.

다음은 내가 크로스백에 넣고 다니는 물건이다.

1. 거스름돈 – 지갑에도 있지만 만약을 위해 여분의 거스름돈을 준비함

2. 손전등 – 어두운 길을 달릴 때 필요함

3. 졸음방지 껌 – 운전 중에 졸음방지용이나 달콤한 것이 당길 때도 씹음

4. 보조배터리 – 500mAh 두 개(다이소에서 구입함)

5. 간식 – 배가 고플 때 먹을 간단한 간식(에너지바, 영양갱 등 작은 거로)

거스름돈

대리기사가 거스름돈이 없다고 하면 그냥 됐다고 하는 손님이 간혹 있다. 거스름돈을 손님에게 팁으로 받는 것이다. 심지어는 그걸 노리고 거스름돈이 있으면서도 없다고 하는 대리기사가 간혹 있다는 이야기를 들은 적이 있다. 한번은 내가 그런 행동을 한 적이 있다.

자주 가는 권선동 황소골에 도착했다. 주차장에 도착했더니 손님이 차

량 앞에 서서 나를 기다리고 있었다. 차량은 은색 구형 소나타였다. 그런데 내가 타고 온 전동휠을 보더니 성난 표정으로 이야기했다.

"아니 왜 전동휠을 타는 대리기사를 보낸 거야? 에이 재수가 없으려니까."

30대 초반의 젊은 남자다. 옷차림을 보아하니 퇴근하고 동료들과 한잔하고 집에 가는 직장인처럼 보이다.

'전동휠이야, 트렁크에 실으면 되는데 뭐가 재수가 없다는 건가.'

당황스럽고 나도 화가 났지만 웃는 표정으로 말했다.

"손님, 트렁크에 주의해서 잘 싣겠습니다."

그래도 못마땅한 듯 찡그린 얼굴로 차에 탔다. 아파트주차장에 도착해서 2만 원을 받고 거스름돈 5천원을 손님에게 주어야 했다. 지갑에서 거스름돈을 꺼내다가 문득 거스름돈이 부족하다고 하면 팁으로 준다는 이야기가 생각났다. 내 전동휠을 보고 화를 낸 손님에게 천원 정도는 받아야겠다는 엉뚱한 생각도 들었다. 나는 4천원만 손님에게 주고 거스름돈이 부족하다고 거짓말을 했다. 물론 내 지갑에는 천원짜리가 몇 장이 더 들어있었다.

"저, 손님 천원짜리 한 장이 부족하네요."

손님이 '그냥 됐어요.'라고 이야기를 하길 기다리며 서 있는데 뜻밖에 천원을 꼭 받아야겠다고 말했다. 마치 내 지갑 속에 천원짜리가 있는 걸 아는 사람 같았다. 그렇다고 이제 와서 지갑에서 천원을 꺼내 줄 수는 없는 노릇이다. 나는 궁여지책으로 계좌번호를 알려주면 일이 끝나고 송금을 해주겠다고 했다.

"내가 기사님을 어떻게 믿고 나중에 받아요. 지금 바로 송금해주세요."

결국, 그 자리에서 손님 계좌로 천원을 송금해야 했다. 손님에게 천원을 팁으로 받겠다는 욕심 때문에 오히려 손님에게 천원을 송금해주느라 시간이 지체되어 오히려 큰 손해를 보고 말았다. 대리기사에게 시간은 곧 돈인데. 내가 내 발등을 찍은 꼴이 되고 말았다.

거스름 돈을 제대로 준비하지 않으면 첫 콜로 만난 손님에게 1만 2천원 대리비를 받아야 하는데 5만 원짜리를 받으면 당황하게 된다. 준비해 온 거스름돈을 손님에게 주고 나면 거스름돈이 바닥이 나는 것이다. 다음 콜을 잡고 일을 할 때 손님이 대리비로 또 5만 원짜리를 내게 되면 거스름돈이 없어 낭패를 보게 된다.

거스름돈이 없거나 부족하게 되면 가까운 편의점에 가서 천원짜리 물건을 사고 나서 받은 거스름돈을 손님에게 주어야 한다. 그나마 가까운 곳에, 눈에 보이는 곳에 편의점이 있을 때는 다행이지만 편의점을 찾기 위해 헤매야 한다면 그야말로 최악이다.

결론을 말하자면 지갑에 만 원짜리 4장, 5천원짜리 2장, 천원짜리 10장을 준비한다. 그리고 크로스백에 만 원짜리 4장, 5천원짜리 1장, 천원짜리 5장을 더 준비한다. 크로스백에 여유 있게 거스름돈을 더 준비하는 이유는 대리비를 5만 원짜리로 연속으로 받았을 때를 대비하기 위한 것이다. 그런 일이 아니더라도 거스름돈은 여유 있게 준비할 필요가 있다.

1. 거스름돈은 항상 여유 있게 준비한다.

2. 지갑과 크로스백에 각각 거스름돈을 준비한다.

3. 거스름돈을 준비하면 시간을 벌 수 있고, 마음이 든든하다.

03 전동휠 준비

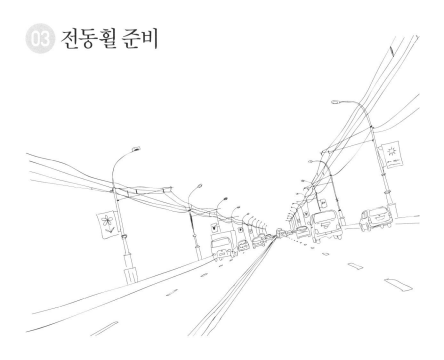

나는 오래전에 양쪽 무릎 연골 수술을 해서 오래 걷거나 달리기를 하는데 문제가 있다. 혼자 대리 일을 하려면 손님에게 가기 위해 1킬로미터 이상을 빨리 걷거나 때로는 달려야 하는데 그게 문제였다.

2인 1조로 대리운전을 하다 보면 외발로 된 전동휠을 타는 대리기사를 많이 보게 된다. '저걸 탈 수 있다면 얼마나 좋을까.' 하는 생각을 무수히 해보았지만, 외발로 된 전동휠을 탄다는 것은 도무지 엄두가 나지 않았다. 어느 날 60대의 대리기사를 만나지 않았더라면 나는 전동휠을 탈 생각조차 하지 못했을 것이다.

보통 새벽 3시쯤이면 일을 마치지만 오늘따라 콜이 잘 잡혀서 더 늦은 시간까지 일해서 새벽 4시 오산 운암 5단지에서 콜을 마쳤다. 이 시각이면 여기 오산 운암동에 콜이 있을 리가 없다. 결국 수원까시 빈 차로 가야 하리라. 여기서 일을 마치기로 했다. 아파트단지를 나와서 수원 쪽으로 가려고 핸들을 틀었는데 아파트상가에 불이 켜진 분식집이 보였다. 저녁도 제대로 챙겨 먹지 못해서 무척 배가 고팠던 상황이라 불 켜진 분식집이 보이니 반가웠다.

누가 먼저랄 것도 없이 "저기 분식집이 있네요. 김밥이라도 한 줄 먹고 갑시다."라고 말했다.

불이 켜진 분식집으로 핸들을 돌렸다. 분식집으로 들어가 보니 밖에서 보는 거와는 달리 아담하고 분위기가 깔끔했다.

분식집에 들어서니 더욱 배가 고팠다. 오늘은 수입도 괜찮은데 뭔가 좀 먹을 만한 걸 시켜야겠다고 생각을 하는 순간, 뒤차가 주방에 대고 "김밥이요!"라고 크게 외친다.

나는 주방에 대고 한마디 더 말했다.

"저, 우동도 하나 주세요."

"그럼 저도 우동 하나 더 주세요."

가냘픈 어깨를 으쓱해 보이며 뒤차도 우동 하나를 더 시켰다. 이렇게 먹는 김밥과 우동값은 그날 하루 번 금액에서 차량 유류비와 함께 제하고 남은 금액을 반으로 나누어 갖는다. 그러니까 김밥과 우동값은 각자가 내는 것과 마찬가지다.

주문한 김밥과 우동이 나왔다. 한참 맛있게 먹고 있는데 60대 초반쯤 되어 보이는 대리기사 한 명이 분식집으로 들어왔다. 그의 손에는 내가 그렇게 타고 싶어 하는 전동휠이 들려져 있었다. 그는 전동휠을 테이블 옆에 걸쳐 두고 김밥 한 줄과 라면을 시켰다. 김밥과 라면을 시키는 것을 보니 나도 우동이 아닌 라면을 시킬 걸 그랬나 하는 생각이 들었다. 뒤차가 웃음을 지어 보이며 테이블에 걸쳐놓은 전동휠이 신기한 듯 그에게 물었다.

"기사님, 전동휠 탈 만하신가요?"

뒤차의 이야기는 연세가 있으신 분이 어떻게 외발로 된 전동휠을 타느냐고 묻는 것이었다.

"이거 별거 아니에요. 그냥 타면 돼요. 이게 그래도 효자예요. 그냥 걸어서 하는 것보다 하루 5만 원은 더 벌어줘요."

나는 도보로 하는 것보다 5만 원을 더 번다는 그의 말에 깜짝 놀랐다.

'아니 나는 하루 겨우 7만 원을 버는데, 전동휠이 5만 원을 더 벌어 준다니.'

뒤차가 내심 부러운 듯 말한다.

"아이고, 참 대단하십니다."

분식집을 나오면서 나는 큰 결심을 했다.

'60세가 넘으신 분도 저렇게 전동휠을 타고 대리 일을 하는데, 2인 1조

를 그만두고 나도 전동휠을 타고 홀로서기를 하리라.'

어떤 사람을 만나느냐에 따라 때론 자신의 운명을 좌우하는 수가 있다. 그때 내 앞에 나타난 60대 초반의 대리기사로 인해 나는 전동휠을 탈 수 있는 용기를 얻게 되었다. 분식집에서 전동휠을 타는 60대 초반의 대리기사를 만나게 된 것이 벌써 4년 전의 일이다. 만약 그때 분식집에서 전동휠을 타는 대리기사를 만나지 못했더라면 나는 전동휠을 타고 홀로 독립하지 못했을 것이다. 아니 그런 생각조차 하지 못했을 것이다.

도보로 할 때 콜을 잡는 반경을 1킬로미터로 한다면 전동휠을 타면 3킬로미터를 할 수 있다. 반경을 넓게 잡을 수 있다는 것은 그만큼 많은 콜을 잡을 수 있다는 이야기이다. 도보로 하는 것보다 전동휠을 타는 것이 여러모로 유리하다.

빠른 속도나 편리성도 있지만 걷는 것보다 다리의 피로감이 훨씬 덜하다. 그리고 무엇보다 도보로 하는 것보다 그 대리기사의 말대로 하루에 5만 원 정도를 더 벌 수 있다. 하루 5만 원이면 한 달 25일을 일한다고 보면 도보로 할 때보다 월 125만 원의 수입이 더 생기는 것이다.

1. 편리하고 피로감이 덜 하다.

2. 걷는 것보다 속도 면에서 월등하다.

3. 콜을 잡는 반경을 넓게 하여 많은 콜을 잡을 수 있다.

4. 도보로 하는 것보다 하루 5만 원 정도의 수입을 더 올릴 수 있다.

전동휠 고르기

뒤차와 이별을 하고 내가 제일 먼저 한 일은 전동휠을 산 것이다. 네이버에서 검색을 해보니 킹송14S라는 제품이 무난해 보였다. 대리운전을 하면서 손님의 차 트렁크에 실어야 하는데 크기나 무게도 적당하다고 생각되었다.

'잘 모를 때는 많은 사람이 사용하는 걸 선택하는 게 최선이다.'

여기저기 검색을 해보니 생각보다 많은 사람이 선택하고 타는 제품이었다. 그런데 106만 원이라는 가격을 보고 깜짝 놀란다. 어떻게 할까 고민하다가 중고나라를 검색해 보았다. 다행히 여러 개의 중고제품이 나와 있었다. 부산이나 경남 쪽에서 파는 사람이 많았지만, 전동휠을 사러 거기까지 갈 수는 없었다.

한참을 검색해서 수원 근처인 봉담 LH2단지에서 한 달도 채 안 된 제품을 75만 원에 판매하는 것을 발견했다. 나는 반가운 마음에 바로 전화를 걸었다. 약속 시각을 정하고 차로 30분 정도를 달려 도착했다. 달려가면서도 내내 외발 휠을 과연 내가 탈 수 있을까 하는 불안감이 들었지만, 차일피일 미루다 보면 전동휠을 탈 수 없으리라는 생각에 더욱 용기를 내었다.

아파트단지 놀이터에서 판매자가 나오길 기다렸다. 가을 햇살이 유난히 따사롭고 하늘은 에메랄드 빛깔처럼 아름다웠다. 드디어 전동휠을 들고 판매자가 놀이터로 걸어오는 게 보였다.

"안녕하세요? 근데 한 달도 안 된 걸 왜 파시나요?"

판매하는 사람에게 물었다. 그는 머리를 긁적거리며 말했다.

"저도 사실은 대리운전을 하려고 샀는데요. 한 달간 연습을 해보았는데 도저히 못 타겠더라고요. 그래서 포기하고 파는 겁니다."

그 말을 듣는 순간 머릿속이 복잡해졌다. 판매자는 20대 후반으로 보이는데 50대인 내가 과연 전동휠을 탈 수 있을까 하는 불안감이 엄습했다. 하지만 나는 어떻게 연습을 해야 하는지 잠깐 설명을 듣고 불안감을 뒤로한 채 제품을 구입하기로 했다.

한 손으로 벽을 잡고, 천천히 앞으로 가는 연습을 하면 된다고 했다. 나는 그가 보는 앞에서 한 손으로 벽을 잡고 전동휠에 올라타 보았다. 마치 전혀 길들여지지 않은 야생마를 타는 것처럼 전동휠에서 몸이 튕겨 나왔다. 전동휠은 내가 타는 걸 허락하지 않았다. 올라타다가 몇 번이나 넘어질 것 같아서 뛰어 내려야 했다. 괜히 샀나 하는 후회가 밀려왔지만 이제 와서 돈을 돌려 달라고 할 수도 없었다. 판매자에게 인사를 하고 전동휠을 차에 싣고 집으로 돌아왔다. 나는 그렇게 킹송14와 인연을 맺게 되었다.

전동휠도 역시 여러 가지 제품이 있다. 그중에서 '갓웨이테슬라'와 '킹송' 제품이 가장 무난한 것 같다. 가격에서 갓웨이테슬라 16인치가 209만 원, 킹송16S가 135만 원 정도로 테슬라가 훨씬 비싸다. 내가 처음에는 킹송14로 시작은 했지만, 그것은 권하고 싶지 않다. 대리운전을 시작하고 동료 대리기사가 타는 킹송16인치를 한번 타보고는 승차감이나 안정감의 차이를 느껴 바로 16인치로 바꾸어 탔다. 무게는 1킬로그램밖에 차이가 나지 않아서 16인치를 사용한다고 해서 차에 싣고 내릴 때 불편함을 느낄 일도 없다.

완충했을 때 갓웨이테슬라는 100킬로미터를, 킹송16S는 70킬로미터 정도를 주행할 수 있다. 이 정도 주행거리면 대리운전을 하는 데 전혀 문제가 없다. 오히려 주행을 하고도 남는다. 그리고 시간이 지나 노하우가 쌓여 갈수록 주행거리는 짧아진다. 배터리는 매일 일을 마치고 집에 돌아와서 충전을 시켜놓고 자면 된다. 배터리 여유가 있으니까 '내일 충전하지.'라는 생각으로 다음 날로 미루는 것보다는 그날그날 충전을 하는 것이 좋다.

일을 나가기 전에 전동휠의 배터리는 완충 상태로 되어있어야 한다. 일을 나갔다가 배터리 수명이 다 되면 큰 낭패를 봐야 한다. 한 번은 일을 나갔다가 배터리가 다 되어서 택시비를 아끼려고 5킬미터 정도 전동휠을 질질 끌고 집에 온 적이 있는데 정말 생고생이었다.

그럼 둘 중에 어떤 걸 타는 게 좋을까? 개인적으로 차이가 있겠지만 나는 킹송16S를 권하고 싶다. 한 달 정도 테슬라도 타보았는데 역시 승차감이나 안정감 모두에서 킹송16S보다 뛰어났지만 킹송16S가 발에 착 감기는 맛이 있고, 운전하기에는 킹송16S가 훨씬 편했다. 이건 어디까지나 내 개인적인 생각이고, 자신의 취향이나 성격에 맞는 걸 구입하면 된다.

1. 갓웨이테슬라 16인치는 승차감이나 안정감, 속도 면에서 뛰어나다. 가격이 비싸고 속도 감이 있은 만큼 초보자에게 조금 위험할 수 있다.

2. 킹송16S는 발에 착 감기는 맛이 있고 운전하기가 편리하다.

3. 여러 가지 많은 제품이 있으니 다른 전동휠도 비교, 검토해보고 자신의 취향이나 성격에 맞는 전동휠을 구입하기 바란다.

4. 처음 구매를 할 때는 새것보다 중고를 구매하는 게 좋다.

전동휠 연습법

전동휠을 구입하고 우레탄이 깔린 동네 농구장에서 처음으로 연습을 했다. 2시간 정도 연습을 했을까. 겨우 철봉을 잡고 올라탈 수 있었지만 타자마자 앞으로 꼬꾸라질 것 같아서 뛰어내리고, 때로는 뒤로 자빠질 것 같아서 뛰어내려야 했다. 결코 곁을 허락하지 않는 길들여지지 않은 야생마 그대로였다. 간신히 올라타고 뛰어내리기를 반복하고 있는데 네다섯 살쯤 되는 어린 남매가 어떤 여성의 손을 잡고 내가 연습하고 있는 농구장으로 들어왔다.

'큰일이네. 저 어린것들이 있으면 위험한데.'

여성은 아이들을 농구장에 남겨두고 자리를 떠났다. 아마도 무슨 볼일이 있어서 아이들을 잠깐 두고 가는 모양이었다. 애들이 있어서 불안하기는 했지만 애들 때문에 연습을 포기할 수는 없었다. 아이들이 노는 곳을 피해가며 한쪽 손으로 철봉을 잡고 앞으로 가는 연습을 한참 했다. 그렇게 연습을 계속하자 어설프지만 올라타고 조금이나마 앞으로 갈 수 있었다.

'이제는 철봉에서 손을 떼고 앞으로 가는 연습을 좀 해보자.'

놀랍게도 철봉에서 손을 놓고 농구장 가운데를 몇 미터라도 달릴 수 있었다. 불과 몇 미터 못가서 몇 번이나 전동휠에서 뛰어내려야 했지만 장족의 발전이었다.

그런데 전동휠에서 넘어질 듯 간신히 뛰어내릴 때마다 어디선가 낯선 목소리가 들려왔다.

"히히히히, 되게 못 탄다."

"호호호, 정말 못 타네."

농구장에서 놀고 있던 어린아이들이 내가 넘어질 듯 뒤뚱거리며 전동휠에서 뛰어내리는 모습을 보고 웃고 떠드는 소리였다. 아무리 어린애들이지만 너무 야속했다. 달려가서 꿀밤이라도 한 대씩 때려주고 싶었지만 그럴 수는 없는 노릇이다.

나를 놀려주는 아이들에게 뭔가 보여주고 싶은 마음에 좀 더 먼 거리를 달렸다. 쌩하며 전동휠이 달려나갔다. 달리면서 귓가에 들여오는 바람 소리가 기분 좋게 들려왔다. 역시 무리였다. 나는 중심을 잃고 그대로 몸이 붕 뜨면서 뒤로 넘어지고 말았다. 대낮인데 내 머리주위에 별이 반짝거리며 빛나고 있었다. 마치 밤처럼 온통 세상이 어둡다는 생각이 들었다. 그리고 정신이 몽롱했다. 그 와중에 다시 아이들의 목소리가 들려왔다.

"히히히히, 이 아저씨 진짜 못 타지? 이케 못 타면서 왜 나왔지?"

"호호호. 그래, 진짜 못 탄다. 좀 잘 타면 안 되나."

아이들의 목소리가 마치 개구리 울음소리처럼 들려왔다. 전동휠을 타는 첫 번째 연습은 이렇게 아이들과 함께했다.

외발인 전동휠을 타는 것은 위험을 동반한다. 사고를 당하게 되면 다치거나 심하면 중상을 입을 수도 있다. 그런 위험이 있지만 그래도 양쪽 무릎이 좋지 않았던 나는 전동휠을 탈 수밖에 없었다. 중고로 전동휠을 구매하고 판매자가 얘기해준 대로 전동휠을 구입하고 그날 겨우 3시간가량 연습을 했다. 그리고는 다음 날 보란 듯이 전동휠을 타고 대리운전을 시작했다. 남들은 일주일에서, 한 달을 연습하고도 포기하는 전동휠을 하루 세 시간가량만 연습하고 대리 일을 시작한다는 것은 그야말로 수류탄을 가슴에 안고 불길로 뛰어드는 꼴이었다.

전동휠을 타고 대리 일을 하면서 수도 없이 넘어지고 자빠졌다. 그 이유가 제대로 연습을 하지 않고 무리하게 전동휠을 탔기 때문이라는 것을 1년 6개월이 넘어서 능숙하게 된 후에야 겨우 깨달았다.

전동휠을 탄다는 것은 도보로 걸어서 일하는 것보다 분명 효율적인 면에서나, 수입 면에서나 월등히 낫다. 하지만 그만큼 많은 사고의 위험이 존재하므로 조심해야 한다. 대리운전을 시작할 거라면, 제대로 대리 일을 하고 싶다면 '전동휠을 타는 것'을 권한다. 대신 전동휠을 잘 배우고 충분한 연습을 해야 한다. 전동휠을 타는 것이 몸에 붙고 충분히 익숙해진 후에 대리운전을 시작하라. 전동휠을 처음 연습하고 타는 법을 간단하게 설명해 본다.

1. 한쪽 벽을 잡고 올라타는 연습을 한다.

2. 벽을 잡은 채로 앞으로 천천히 간다

3. 방향을 바꾸어 반대 방향으로 2번처럼 한다.

4. 달리면서 정지하는 연습을 반복한다(몸을 뒤로하면 정지한다).

5. 벽을 잡지 않고 올라타고 내리는 연습을 한다(굉장히 중요함).

6. 한가한 이면 도로에서 천천히 달린다.

7. 앞으로 가면서 좌, 우로 달려본다(몸을 움직이는 방향대로 좌, 우회전이 된다).

8. 최소 1주일 이상 연습한다.

사실, 기간은 의미가 없다. 본인이 판단해서 '이 정도면 이걸 타고 대리운전을 시작해도 되겠다.'라는 생각이 들 때까지 충분히 연습하는 것이 중요하다. 그것이 1주일이 되든, 한 달이 되든 기간은 중요하지 않다.

별표 다섯 개 ★★★★★

– 무릎을 안쪽으로 구부려 양쪽 발의 복숭아뼈를 전동휠에 밀착시켜 준다.

'동키VR TV' 전동휠 타는 방법을 가장 쉽게 잘 설명해주고 있는 유튜브를 소개한다.

이 유튜브를 보면서 연습을 하면 초보자에게 많은 도움이 될 것이다.

https://www.youtube.com/watch?v=Ro2VOGjH97w

비 오는 날 타기

비 오는 날 전동휠을 타는 것은 권장할 일이 아니다. 그것도 전동휠을 타고 대리운전을 한다는 것은 더욱 권장할 일이 아니다. 하지만 소나기나 폭우가 아니라면 전동휠을 타는 데 크게 무리가 되지 않는다. 적당히 내리는 비라면 우산을 쓰고 일을 할 수가 있다. 우산을 쓰고 전동휠을 타라니 이게 무슨 말도 안 되는 소리냐고 할 수도 있지만 가능한 일이다. 대신 큰 우산이 아니라 작은 접는 우산을 써야 한다.

비를 피해야겠다고 큰 우산을 쓰는 것은 안된다. 큰 우산을 쓰고 전동휠을 타면 바람을 그대로 맞아 전동휠을 타면서 휘청거리게 된다. 그리고 시야를 많이 가린다. 한마디로 큰 우산을 쓰고 전동휠은 타는 것은 위험한 일이다. 작은 접는 우산은 크로스백에도 들어간다. 우산이 들어갈 만한 크로스백은 좀 커야 한다. 우산을 크로스백에 넣을 수 있다면 전동휠을 타면서 우산을 손에 들고 있을 필요가 없다.

비가 오는 날 전동휠을 타고 일을 하라고 권하는 것은 그만한 이유가 있다. 비 오는 날 전동휠을 타는 것은 위험하고 우산을 쓰고 다녀야 하므로 많이 불편하다. 하지만 비가 내리면 다른 대리기사들이 일하는 것을 포기하고 나오지 않는 경우가 많다. 그러다 보니 콜은 많고 대리기사가 적다. 그건 곧 콜도 쉽게 잡을 수가 있고 다른 때보다 비가 적당히 내리는 날은 돈이 된다는 이야기이다. 물론 돈이 되는 날이니까 대리운전을 하라는 이야기는 아니다. 적당한 비는 전동휠을 타는 게 가능하니까 대리운전을 하라는 이야기이다.

주의할 점은 전동휠에 능숙하지 않으면 안 된다. 비 오는 거리를 달리면서 한 손에는 우산을 들고, 다른 손에는 휴대폰을 들고 손님과 전화통화도 해야 한다. 전동휠에 능숙하지 못하다면 이렇게 전동휠을 타는 것은 사고에 노출되기 쉽다.

한 가지 더 사람은 비를 맞아도 집에 와서 씻으면 되고, 옷은 빨래하고 말리면 된다. 하지만 전동휠은 생활방수 정도만 되기 때문에 많은 비를 맞으면 고장의 원인이 된다. 많은 비를 맞으면 배터리가 고장 날 수 있다. 배터리가 전동휠 가격의 절반 이상을 차지한다. 배터리를 교환하는 비용

자체가 웬만한 중고 전동휠 가격이다.

　사실 배터리 가격만이 문제가 아니다. 전동휠을 타고 가다가 빗물 때문에 배터리에 문제가 생긴다면 이건 그야말로 대형사고로 이어질 수 있다. 배터리가 고장을 일으키면 전동휠은 그대로 멈추어 버리고 균형을 잡아주는 자이로가 무너져 버린다. 그리고 타고 있던 사람은 그대로 넘어지고 만다. 속된 말로 슈퍼맨이 된다고 표현하기도 한다. 넘어지면서 사람 몸이 날아가 버린다는 뜻이다.

　그래서 전동휠을 적당한 크기의 비닐로 감싸 주어야 한다. 감쌀 때는 전체를 하는 게 아니라 바퀴 부분 바로 위에까지 감싸준다. 이렇게 해주면 배터리가 빗물에 젖어 고장이 나는 문제를 간단하게 해결할 수 있다.

1. 비 오는 날 전동휠을 타는 것은 상당한 주의를 요구한다.

2. 조금 내리는 적당한 비에는 일을 할 수 있다.

3. 접는 우산이나 가능한 작은 우산을 준비한다.

4. 전동휠은 적당한 크기의 비닐로 바퀴 바로 윗부분까지 감싸준다.

펑크 때우는 법

　전동휠을 타면서 가장 난감한 일 중의 하나가 일을 하는 도중에 펑크가 나는 것이다. 펑크가 나면 일을 포기할 수밖에 없다. 달리는 도중에 평소

보다 잘 달리지 못한다거나 좌우로 이동이 쉽게 되지 않는 등 이상한 느낌이 든다면 바로 전동휠을 멈추고 펑크가 났는지 확인을 해봐야 한다. 이런 상황을 무시하고 그냥 달리다가는 역시 반갑지 않은 사고를 만나게 될 수 있다.

펑크가 난 것을 확인했다면 제일 먼저 손님과 콜을 잡은 대리회사에 전화해서 사정 이야기를 하고 콜을 뺀다. 서글픈 일이지만 이런 경우 어느 정도는 대리회사에서 욕먹을 각오를 해야 한다. 펑크가 난 형편을 이해해 주고 위로의 말이라도 해줄 거라는 생각은 쓰레기통에 버려라. 그저 말을 들어주고 곱게 콜을 빼주면 다행이다. 내 경험상 그렇다.

손님과 대리회사에 전화했다면 이제 집으로 돌아가야 한다. 펑크 난 전동휠을 끌고 가는 것은 여간 어려운 일이 아니다. 이럴 경우에는 택시를 타고 집에 돌아가는 게 좋다.

이렇게 집에 도착하고 나면 다음 날 펑크를 때우기 위해서는 전동휠을 가지고 전문으로 펑크를 취급하는 곳에 가야만 한다. 일반 자전거가게나 다른 곳에서는 펑크를 때울 수 없다. 자기가 있는 지역에서 가까운 전문점에 간다고 해도 보통 1시간 정도는 기다려야 한다. 심지어는 펑크를 때우는 모습을 보여주지 않으려고 1시간 후에 다시 오라는 곳도 있다. 그걸 보고 따라 할까 봐 그런 것으로 생각한다.

비용도 만만치 않다. 차량 펑크를 때우는데 1만 원인데 이건 5만 원 정도 비용을 내야 한다. 더러 6만 원을 받는 곳도 있다. 펑크를 때우기 위해

1시간가량을 달려가서 1시간 정도를 기다렸다가 5만 원을 주고 펑크를 때우고 와야 한다.

이런 일을 몇 번 겪고는 나는 궁여지책으로 중고로 똑같은 킹송16S 전동휠을 한 대 더 구입했다. 개인적인 생각으로 전동휠은 굳이 새것을 살 필요가 없다고 생각한다. 2천 킬로미터 내외를 달린 걸 시세의 60% 정도를 주고 사면 적당하다.

전동휠을 하나 더 구입하고 나서는 펑크가 나면 얼른 택시를 타고 집으로 와서 전동휠을 바꾸어 타고 일을 다시 시작할 수 있었다. 그리고 다음 날 역시 펑크를 때우기 위해 전문점으로 달려가는 일을 반복했다. 그러던 중 '이럴 바에야 내가 직접 펑크를 때워야겠다.'라는 생각이 들었다. 인터넷을 뒤져서 부품을 사고 유튜브를 보고 직접 펑크를 때웠다. 처음에는 직접 펑크를 때우다가 전동휠을 고장 내는 게 아닌가 하는 걱정도 되었지만, 점차 익숙해졌다. 그렇다고 펑크가 자주 나는 건 아니다.

펑크를 때우고 공기를 주입하기 위해 '샤오미 휴대용 에어펌프'도 구입했다. 펑크를 때우고 공기를 주입하는 것도 펑크를 때우는 것만큼 중요한 일이다. 평상시에 전동휠의 공기 점검을 하고 공기를 주입할 때도 유용하게 사용하고 있다.

1. 전동휠을 한 대 더 구입해서 펑크가 났을 때를 대비한다. 펑크 문제뿐만 아니라 비상시를 대비해 한 대 더 구매해놓는 게 좋다.

2. 부품을 구입한다(튜브, 타이어, 레버 등) www.e-pm.kr에서 구입할 수 있다.

3. 유튜브를 보고 펑크를 때운다.

4. 샤오미 휴대용 에어펌프로 공기를 주입한다(모델명 : MJCQB01QJ).

※ 킹송16인치 타이어 교체방법 – 이브이샵 본사에서 제공하는 동영상이다.

https://www.youtube.com/watch?v=viirU9yBejw&t=104s

헬멧과 후방지시등

일하면서 헬멧을 착용하고 벗는 것이 번거롭게 여겨질 수도 있을 것이다. 하지만 만약의 사고에 대비해서 헬멧을 쓸 것을 권한다. 오토바이 헬멧이 아닌 전동휠 헬멧은 착용하는 데 그다지 불편하지 않다. 대리운전할 때 헬멧은 전동휠을 차 트렁크에 실을 때 함께 실으면 된다.

대리운전은 어두운 밤에 하므로 후방지시등을 몸에 부착하고 다니는 게 좋다. 특히 어쩔 수 없이 지하차도로 가야 하는 경우나 고가도로 위를 달려야 할 때 더욱 필요하다. 지하차도나 고가도로는 차량 전용도로이기 때문에 인도나 갓길이 없다. 그러므로 고속으로 달리는 차에 사고를 당할 위험에 노출되기 쉽다. 이럴 때 후방지시등은 든든한 수호천사 같은 역할을 해준다.

헬멧과 후방지시등을 따로 구입할 수도 있지만, 헬멧에 LED등이 부착되어 있는 게 있다. 가격은 3만 9천원 정도 한다. 자신의 안전을 위해서라면 이 정도 금액은 투자해야 하지 않을까. 나는 물건을 구입할 때 주로 쿠팡을 이용하는데 가격도 저렴하고 구입한 바로 다음 날 로켓배송을 해주기 때문이다. 오늘 밤 12시 전에 구매하면 다음 날 아침이면 물건을 받을 수 있다. 또 로켓배송의 좋은 점은 물건이 마음에 들지 않거나 치수가 안 맞을 때 무료로 반품 및 교환을 할 수 있다.

헬멧과 후방지시등을 따로 구입하기를 원한다면 방향지시등은 다이소에서 3천원이면 구입할 수 있다. 이렇게 따로 구입하게 되면 방향지시등을 몸 어딘가에 부착해야 하는 수고를 해야 한다.

1. 전동휠 헬멧과 LED후미등을 구입한다(헬멧 뒤쪽에 LED등이 부착되어 있음).

2. 헬멧과 후방지시등을 따로 구입할 때 후방지시등은 다이소에서 저렴하게 구입할 수 있다.

3. 대리운전은 밤에 하는 일이기 때문에 안전을 위해 후방지시등을 꼭 부착하고 다닌다.

손전등

전동휠을 타고 대리운전을 할 때 별도로 준비해야 할 물건이 한 가지 더 있다면 바로 손전등이다. 전동휠로 이동하면서 일을 하다 보면 의외로 외진 곳이나 어두운 골목길 같은 곳을 다녀야 하는 일이 많이 생긴다. 그냥 일반도로에서도 어두운 길을 지날 때는 유용하게 사용된다.

전동휠이 달리는 속도는 시속 30킬로미터 이상 가능하다. 외발인 전동휠로 시속 30킬로미터는 굉장히 빠른 속도이기 때문에 나는 사고위험을 줄이려고 일부러 속도제한을 시속 28킬로미터로 맞추어 놓았다. 전동휠에는 자신이 원하는 속도로 제한해 놓을 수 있는 기능이 있다. 제한속도를 시속 28로 맞추어 놓았기 때문에 시속 28킬로미터가 넘으면 경고음이 나온다. 경고음이 나오는 상황에서도 계속 정해진 속도 이상을 달리면 전동휠이 멈추어지는 위험한 상황이 될 수 있다. 경고음이 나올 때는 바로 자신이 정해놓은 시속으로 속도를 늦추어야 한다.

이렇게 빠른 속도로 달리다 보니 어두운 거리를 손전등이 없이 그냥 달리는 것은 위험할 수 있다. 전동휠 자체에 라이트가 있기는 하지만 밝기가 생각보다 약하다. 그래서 따로 손전등이 필요하다. 쿠팡에서 '충전식 손전등'을 검색하면 여러 가지 손전등이 나온다. 그중에서 XHP70칩이 달린 밝기가 4,800루멘인 손전등을 구입한다. 가격은 2만 7천원 정도면 구입할 수 있다. 그리고 한 가지 더 유의할 점은 손전등 끝부분에 끈으로 된 손잡이가 달린 것을 구입하는 것이 좋다.

전동휠을 타고 달리면서 손전등을 손에 들고 앞을 비출 때 끈으로 된 손잡이가 있으면 더욱 안정감을 준다. 크로스백에 넣고 다녀야 하기 때문에 손에 딱 잡히는 정도의 크기가 좋다.

전동휠 사고 예방법

킹송14를 타다가 갓웨이테슬라16을 타고 달리니 신나게 대리운전을 할 수 있었다. 내가 왜 진작 이런 전동휠이 있는 것을 알지 못했을까 하는 안타까운 마음이 생길 정도였다. 단순히 바퀴만 큰 것뿐만 아니라 승차감이 달랐다. 달릴 때의 속도감 또한 나를 흥분시키기에 충분했다. 차로 말하면 아반떼를 타다가 그랜저를 타는 듯한, 딱 그런 느낌이었다.

그날따라 갓웨이테슬라16으로 전동휠을 바꾼 탓인지 일도 수월하게 술술 풀리고 수입도 괜찮았다. 대리앱을 보니 역시 12시가 넘은 시각이라 가까운 데서 콜이 없었다. 수원상공회의소에서 권선동 ○○○○4단지까지 1만 5천원짜리 콜이 눈에 띄었다. 망설임 없이 콜을 잡았다. 내가 있는 아주대입구 쪽에서 수원상공회의소까지는 제법 거리가 있지만 새로 산 갓웨이테슬라16을 믿어 보기로 했다.

"안녕하세요? 대리기사입니다. 상공회의소 어디로 갈까요?"

수원상공회의소 주차장으로 오면 된단다. 먼 거리라 시간에 맞춰서 가기 위해 제법 속도를 냈다. 킹송14라면 시속 25킬로미터로 달렸을 텐데 속도를 최대한 올려서 시속 40킬로미터쯤 달렸던 거 같다. 동수원병원을 지나 우회전을 해서 종합운동장 쪽으로 계속 신나게 달렸다.

지동사거리가 눈앞에 보이고 신호등이 빨갛게 빛나고 있다. 나는 빨강 신호등이 녹색 신호등으로 바뀌는 순간 바로 건너가야겠다는 생각에 더욱 속도를 높였다. 그때 갑자기 달리던 도로에서 쿵 하는 소리와 함께 몸이 붕 뜨는 것을 느꼈다. 눈앞에 작게 팬 곳을 보지 못하고 그 위를 지나간 것이 문제였다. 갓웨이테슬라16은 내 몸을 떠나 중앙선으로 미끄러져 가고, 나는 그대로 점프하듯 뒤로 넘어지고 말았다. 넘어지는 찰나에도 넘어져서 크게 다칠 나 자신보다 중앙선으로 미끄러져 가는 갓웨이테슬라16이 더욱 걱정되었다.

'여기가 8차선 대로변인데 달리는 차에 전동휠이 부딪치면 자칫 대형사고가 날 수도 있다.'

나는 영화의 한 장면처럼 몸이 뒤로 붕 떠서 등 뒤로 도로 바닥에 그대로 넘어졌다. 넘어지는 순간 몸이 바닥에 부딪히며 숨이 턱 막혔다. 몸이 도로에 부딪히며 그 충격으로 몸이 어딘가 하나가 부러졌을 거라는 생각이 들었다.

꼼짝도 하지 못하고 누워서 그저 그렇게 굴러가는 나의 전동휠을 쳐다보고 있었다. 전동휠이 무사하길 바라는 간절한 바람에도 불구하고 소렌토 한 대가 전동휠을 차량 밑에 깔고 그대로 달렸다. 그걸 본 순간 나도 모르게 입에서 탄식이 흘러나왔다. 나는 가까스로 일어나서 소렌토로 다가갔다. 어느 순간 내 몸이 차 밑으로 들어가서 전동휠을 오른손으로 잡고 당기고 있었다. 하지만 아무리 당겨도 전동휠은 꿈쩍도 하지 않는다. 나는 차 바깥으로 나가 소렌토 운전자에게 다가가서 말했다. 운전자는 50대 초반쯤 되어 보이는 여자였다. 그녀는 겁에 질린 표정으로 나를 멍하니 쳐다보고 있었다.

"제가 차 밑에 들어가서 전동휠을 잡을 테니 차를 뒤로 후진 해주세요."

나는 다시 차 밑으로 들어가서 전동휠을 움켜쥐었다. 차가 후진을 하기 시작하자 전동휠이 쑥 빠져나왔다. 정상적으로 작동되는 전동휠은 손잡이를 잡으면 서게 되어있는데 전동휠도 큰 상처를 입었는지 제대로 서질 못했다.

절뚝거리는 몸으로 구르지도 않는 전동휠을 질질 끌며 도로변을 빠져나왔다. 그런 나를 많은 사람이 지켜보고 있다. 절뚝거리며 걷는 내 모습이 부끄럽기도 했지만, 도로변을 빨리 빠져나가야 한다는 생각뿐이었다.

나는 다리를 절뚝거리며 필사적으로 그 자리를 빠져나와 주택가 골목으로 들어와서 땅바닥에 주저앉았다. 왼쪽 다리가 시원해서 살펴보니 바지가 한 뼘 정도 찢어져 있고, 다리에서는 피가 나고 있었다. 가쁜 숨을 몰아쉬며 패잔병처럼 땅바닥에 주저앉아 벽에 기댄 채 한참을 그렇게 있었다. 전동휠을 타면서 딴생각을 하다 보면 도로 위에 손바닥만큼 작게 패인 곳에서도 이런 위험한 사고를 만날 수 있다.

전동휠을 타고 대리운전을 하다 보면 사고에 노출되기 쉽다. 아무리 조심한다고 해도 단 한 번도 사고가 나지 않는다는 것은 어려운 일이다. 하지만 사고를 피하는 한 가지 방법이 있다면 그건 전동휠을 탈 때는 딴생각을 하지 않는 것이다. 이건 운전을 할 때도 마찬가지이지만 차량을 운전할 때와 전동휠을 탈 때는 상황이 전혀 다르다.

전동휠사고는 바로 부상으로 이어질 수 있기 때문에 항상 집중하고 주의하는 자세가 필요하다.

1. 전동휠을 탈 때는 딴생각을 하지 않는다. 전동휠은 약간의 방심도 허용하지 않는다.

2. 무릎과 발목을 최대한 전동휠에 붙인다. 전동휠과 몸이 한 몸이라고 생각하자.

3. 몸을 약간 구부린 상태로 탄다. 무게중심이 밑으로 내려와 안정감을 준다.

4. 마지막 콜에 사고가 나는 경우가 많다. 끝나는 시간까지 방심하지 않는다.

5. 시야를 바로 눈앞에 두지 말고, 100m 정도 앞을 본다.

6. 조그만 웅덩이, 작은 장애물도 사고의 원인이 될 수 있음을 알고 항상 주의하여야 한다.

7. 헬멧과 방향지시등, 손전등을 갖추고 다닌다.

04 2인 1조로 할 것인가?

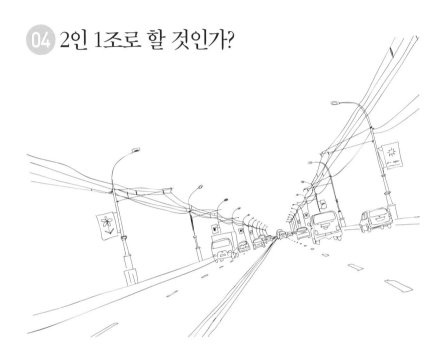

2인 1조란?

2인 1조란 앞차와 뒤차가 함께 뒤차의 차를 타고 이동해서 앞차가 손님의 차를 직접 대리운전하고 뒤차는 그것을 따라가는 것을 말한다. 그러니까 앞차가 손님의 차를 직접 대리운전하면, 뒤차는 손님의 차를 도착지까지 따라가는 것이다. 앞차가 운행을 마치고 뒤차로 와서 탑승하면 앞차는 다시 콜을 잡고 손님이 있는 출발지까지 뒤차로 함께 이동한다. 앞차는 직접 대리운전을 하는 사람을 말하며, 뒤차는 자신의 차량으로 뒤에서 따라가는 사람을 말한다. 앞차는 대리기사 등록이 되어있어야 하고, 뒤차는 대리기사 등록과 상관없이 일할 수 있다.

두 사람이 정하기 나름이지만 대부분 이런 룰로 2인 1조를 한다.

1. 킬로미터당 100원의 주유비를 뒤차에 지불한다(전기차나 하이브리드의 경우 50원으로
   하기도 한다. 서로 정하기 나름이다).
2. 팁은 앞차가 갖는다.
3. 통행료는 뒤차가 부담한다.
4. 일이 끝난 후 그날 수입에서 주유비를 제외하고 1:1로 분배한다.
5. 사고가 났을 때 각자 책임진다(앞차는 대리운전보험, 뒤차는 개인차 보험으로 처리).

2인 1조의 단점

홀로서기를 하다가 추운 겨울나기를 위해 2인 1조를 잠시 한 적이 있다. '새벽을 달리는 사람들' 네이버 카페에 2인 1조 구인란에 이렇게 뒤차 구함이라는 게시글을 게재했다.

'2인 1조 뒤차 구함. 출발지 매탄동. 기름값 1킬로미터당 100원 지급. 일 끝나고 바로 수익의 절반을 현금 지급. 앞차는 팁. 뒤차는 톨비. 일 하는 시각은 오후 7시부터 12시까지. 시간은 협의로 조절 가능. 연락처 010-○○○○-○○○○. 비흡연자 원함.'

이런 내용을 게재하고 나면 대부분 한두 시간 내로 연락이 온다. 게시글을 올리고 한두 시간 만에 사람이 구해진다. 게시글은 오후 1시 전에 올리는 게 좋다. 그래야 그날 뒤차를 할 사람을 여유 있게 구할 수 있다. 앞차를 구할 때도 마찬가지이다.

뒤차를 하는 사람은 보통 킬로미터당 100원의 주유비를 받게 된다. 가능하면 경차나 하이브리드차량으로 하는 게 좋다. 전기차라면 더욱 좋다. 다만 한 가지. 아파트주차장을 들어갈 때 꼬리물기를 해서 함께 앞차를 따라 들어가는 센스가 필요하다. 어려운 것 같지만 한두 번 해보면 누구나 익숙하게 할 수 있다.

30대 중반 직장인

내가 처음으로 함께 뒤차를 하게 된 사람은 30대 중반의 직장인이었다. 나는 함께 대리운전을 하면서 물었다.

"직장을 다니면서 대리운전을 하는 이유가 뭐예요?"

아이들이 아직 어려서 돈이 많이 들어 보탬이 되고자 나왔다고 한다. 며칠간 2인 1조로 일을 잘했다. 뒤차는 일하는 도중에 편의점에 들러 음료를 사서 주기도 했다. 술 취한 사람들에게 시달리고 무시만 당하다가 대접을 받는 느낌이 들어서일까, 작은 거지만 뒤차가 사주는 음료수를 마실 때는 기분이 좋았다. 성격도 좋아서 말도 잘 통하고 정말 나무랄 데가 없었다. 그런데 가끔 일을 못 하겠다고 했다. 그것도 저녁 7시 30분부터 일을 시작하는데 7시 30분이 다 되어서 전화를 했다. 그런 날은 나는 일을 할 수 없게 되었다. 일을 하지 못하겠다고 전화가 오는 날이 많았고, 결국 그와 결별해야만 했다.

태권도체육관장

다음 타자는 태권도체육관장과 함께 2인 1조를 했다. 차가 K7이라고 킬로미터당 200원을 달라고 해서 나는 허락했다. 기왕이면 좋은 차를 타면서 일을 하는 것도 나쁘지 않다고 생각했다. 손님에게 갈 때도 시원스럽게 달리고 예의도 바르고 참 좋았다. 그런데 킬로미터당 200원의 기름 값을 제하고 수입을 절반으로 나누려니 출혈이 심했다. 나는 다른 핑계를 대고 그와 인연을 끊을 수밖에 없었다. 아, 그리운 K7.

젊은 백수

그다음 타자는 백수인 젊은 남자와 함께했다. 차는 그랜저HG였다. 대리운전을 하면서 좋아하게 된 차이다. 백수이다 보니 좀 일찍 시작해서 늦게까지 할 수 있어 좋았다. 어차피 나는 생계를 위해서 하는 것이니 늦게까지 하는 것을 원했다. 그런데 일을 하면서 얘기를 들어보니 여자와 동거를 하면서 여자가 버는 수입으로 먹고사는 처지였다. 그러면서 자신은 띄엄띄엄 대리운전을 하는 것이었다.

하루, 이틀 일을 하면서 말과 행동이 버릇없는 사람이라는 걸 알게 되었다. 일하는 도중에 이건 존댓말인지, 반말인지 알 수 없는 투로 이야기하며 짜증 내기 일쑤였다. 더는 같이 일할 수 없다는 생각에 아예 연락하지 않았다.

그다음에도 여러 사람과 2인 1조를 해보았으나 헤어지고 만남의 반복이었다. 그러다 보니 사람을 구하는 게 일이 되어버렸다. 결국 2인 1조로 마음에 맞는 사람을 구해서 오랫동안 함께 일한다는 것이 어려운 일임을 깨닫게 되었다. 결국 나는 2인 1조를 포기하고 다시 추운 겨울밤 예전처럼 차가운 바람을 맞으며 전동휠을 타면서 혼자 대리운전을 해야 했다.

2인 1조의 단점을 나열해 보았다. 첫 번째로 그날의 수입 중에서 주유비를 제하고 1:1로 나누어야 하므로 아무래도 각자 적은 돈을 가져갈 수밖에 없다.

1. 수입이 적다(주유비를 제하고 1:1로 나눈다).
2. 뒤차는 통행료를 내야 한다.
3. 뒤차가 받는 주유비는 실제 주유비보다 부족하다.
4. 앞차와 뒤차가 서로 맞지 않아서 오래가지 못하는 경우가 많다.
5. 파트너를 구하는 데 많은 신경을 써야 한다.

다섯 가지를 나열해 보았는데 위에서 예를 든 대로 사실 가장 어려운 문제가 네 번째이다. 한 사람과 오랫동안 할 수만 있다면 호흡을 맞추어 수입을 늘려나갈 수 있다. 그런데 사람을 구하는 데 신경을 쓰다 보면 정작 일을 제대로 할 수가 없다. 앞차는 뒤차를 구하느라, 뒤차는 앞차를 구하느라 시간을 허비하고 애를 써야 한다.

2인 1조의 장점

단점이 많은 만큼 장점도 많다. 서로 마음을 맞추어 오랫동안 함께 할 수 있는 사람이 있다면 2인 1조로 하는 것도 그리 나쁘지 않다. 사실 2인 1조로 대리운전을 하는 것은 편하고 쉬운 일이다. 그리 어렵지 않게 일을 하고 돈을 벌 수 있다. 대리운전할 때 가장 피하고 싶은 것은 비 오는 날과 겨울의 추운 날씨이다. 2인 1조로 대리운전을 하면 비 오는 날이나 추운 겨울 날씨는 전혀 문제가 되지 않는다. 뒤차에 있으면서 콜을 잡고, 뒤차를 타고 이동하기 때문이다.

대리운전을 투잡으로 하는 직장인이라면 2인 1조로 하는 것도 괜찮은 방법이다. 2인 1조로 하는 사람은 대부분 투잡으로 하는 경우가 많다. 간혹 2인 1조로 부부가 함께하는 경우를 볼 수 있는데 가장 이상적인 방법이기도 하다.

한번은 대기업에 다니는 사람과 함께 파트너로 2인 1조를 한 적이 있다. 물론 내가 앞차였다. 대화를 하면서 이름만 대면 알만한 대기업에 다닌다는 이야기를 듣고 나는 깜짝 놀랐다.

"아니 그런 대기업에 다니시는 분이 왜 대리운전을 해요?"

주택을 구입하면서 대출을 좀 받았는데 그걸 갚는 데 보태기 위해서라고 했다. 그럼 대리운전을 하려면 기왕이면 앞차를 하거나 혼자 해보는 게 어떻겠냐고 물었다.

"회사에서 대리운전하는 걸 알면 안 돼요. 그래서 앞차는 할 수 없어요."

직장을 다니면서 이렇게 투잡으로 대리운전을 하면 생활에 많은 도움이 될 수 있다지만 대기업에 다니면서 대리운전을 한다는 것은 내게 놀라운 일이었다.

5년 이상을 2인 1조로 함께 잘하는 사람을 본 적이 있다. 함께 호흡을 맞추어서 오랫동안 일을 할 수 있다면 2인 1조로 하는 것도 그리 나쁘지 않은 방법이다.

1. 2인 1조는 투잡으로 하는 경우가 많다.

2. 뒤차는 대리기사 등록을 안 해도 된다.

3. 추운 겨울이나 비가 오는 날에도 불편함 없이 일할 수 있다.

4. 부부가 함께할 수 있다면 가장 이상적이다.

5. 앞차와 뒤차가 서로 양보하고, 상대에게 맞추면 즐겁게 할 수 있다.

3장 프로 대리기사가 되는 노하우

01 프로가 되는 기본기

콜을 잡는 반경

보험을 들고 나서 대리운전을 시작하면서 가장 먼저 할 일이 바로 콜을 잡는 반경을 몇 킬로미터로 할까를 정하는 것이다. 내가 처음 대리운전을 2인 1조로 시작했을 때는 콜을 잡는 반경을 5킬로미터로 했다. 차로 이동을 하니까 가능한 이야기이다. 평상시에는 4킬로미터로 하다가 4킬로미터 내에서 콜이 없을 때 좀 더 반경을 넓혀서 5킬로미터까지 했다.

도보로 할 때는 1킬로미터로 한다. 걸어서 이동을 해야 하므로 반경을 좁게 잡는 것이다. 앱에 나오는 거리는 직선거리이다. 실제로 이동하는 거리는 앱에 나온 거리보다 멀기 마련이다. 이점을 잘 기억해야 한다. 콜을 잡는 반경은 1킬로미터로 하지만 실제로 잡는 콜은 500m 내외의 콜을 잡아서 이동한다. 이렇게 콜을 잡고 손님이 있는 출발지까지 갔을 때 10분 정도가 소요된다.

보통 10분 이내에 손님에게 도착하는 게 좋은데 그러기 위해서는 도보로 하는 대리기사는 급하게 걷고 뛰게 마련이다. 만약 당신이 어두운 거리를 손에 휴대폰을 쥐고 급하게 걷거나 뛰고 있는 사람을 본다면 십중팔구는 대리기사일 것이다.

전동휠을 탄다면 콜을 잡는 반경을 2.5킬로미터로 한다. 나는 도보로 일을 한 건 며칠밖에 되지 않는다. 그것도 전동휠을 구입하기 전에 시험 삼아 해본 것이었다.

처음 일을 시작했을 때는 콜을 잡는 반경을 3킬로미터로 했었다. 반경을 넓게 할수록 콜을 많이 잡을 수 있다는 생각에서였다. 그리고 3킬로미터짜리 콜을 잡으면 실제 거리는 4킬로미터가 넘었다. 그러니까 초보 시절에 나는 콜을 잡고 손님이 있는 출발지까지 거침없이 4킬로미터를 달린 것이다.

그렇게 일을 하다가 1년 6개월이 지나서 양ㅇㅇ라는 동료 대리기사를 만나면서 큰 금액을 쫓아 먼 거리를 가는 게 어리석은 일임을 알게 되었다. 적은 금액이라도 짧은 거리를 이동하는 게 더 유리하다는 걸 알게 된 후로는 콜을 잡는 반경을 2.5킬로미터로 바꾸었다.

콜을 잡는 반경은 2.5킬로미터로 했지만 가능한 최대한 가까운 거리의 콜을 잡고 움직였다. 콜이 없다고 무조건 먼 거리라도 빨리 콜을 잡고 움직이는 것보다는 가까운 콜이 나올 때까지 기다리는 게 현명한 방법이다.

예전에는 반경을 3킬로미터로 두고 콜이 보이기만 하면 무조건 잡고 뛰었다. 당연히 먼 곳의 콜을 잡고 뛰다 보니 시간이 좀 더 걸렸다. 예를 들어 1킬로미터 콜을 잡고 가면 3분이면 갈 수 있는 거리를 ― 전동휠은 1킬로미터를 3분에 달린다 ― 4킬로미터 콜을 잡고 가면 12분이 걸리는 것이다. 9분의 차이가 난다. 하루에 열 개의 콜을 소화한다고 하면 90분의 차이가 나는 것이다.

90분을 돈으로 환산하면 지금 실력으로는 4만 원 정도를 벌 수 있는 시간이다. 시간은 돈이라는 말은 대리운전에 딱 맞는 말이다. 그러니까 많은 콜을 잡기 위해 먼 거리를 간 것은 오히려 수입에 마이너스가 된 것이었다. 수입만 마이너스가 아니라 몸도 그만큼 고달팠다.

콜이 보인다고 금방 무조건 잡고 뛰는 게 아니다. 원하는 콜이, 가까운 곳의 콜이 나올 때까지 여유 있게 기다려야 한다. 일종의 '기다림의 미학'이다. 대리운전하면서 한 가지 깨달은 바가 있다면 바로 '기다리면 콜은 언젠가는 나온다.'라는 것이다. 서두르는 급한 마음, 콜에 대한 욕심이 오히려 일을 힘들게 하고 수입도 마이너스가 되는 것이다.

가장 좋은 전략 중의 하나는 가장 가까운 콜을 잡는 것이다. 그 외에도 많은 전략이 있지만.

1. 2인 1조 – 반경을 5킬로미터로 하고 가까운 콜을 잡고 전략적으로 움직인다.

2. 도보 기사 – 반경을 1킬로미터로 하고 실제로는 500미터 내의 콜을 잡는다.

3. 전동휠 기사 – 반경을 2.5킬로미터로 하고 실제로는 가장 가까운 콜을 잡는다.

※ 콜을 잡는 반경은 개인적으로 정하는 것이지 꼭 정해진 룰이 있는 것이 아니다.

인사의 필요성

손님에게 인사하는 것은 기본이다. 대부분 대리기사가 인사를 잘하는 것 같다. 나는 기왕에 하는 인사 기분 좋게 솔 톤으로 한다. 콜을 잡게 되면 제일 먼저 손님에게 전화를 걸게 되는데 대부분의 콜에는 손님이 있는 도착지 주소가 정확히 나온다. 대리기사를 부르는 사람은 술을 마신 사람이기 때문에 거의 식당에서 콜을 한다. 요즘은 대리기사가 콜을 잡으면 자동으로 대리기사의 사진과 이름이 손님에게 전송된다.

"안녕하세요? 대리기사입니다. 장수원으로 가면 됩니까?"

이 정도로 인사와 가야 할 장소를 물으면 된다. 그리고 가능하다면 시간이 얼마나 걸리는지 이야기해주는 것이 좋다.

"안녕하세요? 대리기사입니다. 장수원으로 가면 됩니까? 5분 후면 도착할 겁니다."

이때 먼 거리에서 콜을 잡고 10분 이상이 걸릴 때 나 같은 경우 일부러 바로 손님에게 전화를 걸지 않는다. 10분 이상 걸리는 걸 손님이 좋아하지 않기 때문이다. 어느 정도 가다가 10분 이내에 도착할 수 있을 거리에 왔을 때 손님에게 전화를 건다.

미리 도착하는 시간을 이야기하면 손님도 그 시간에 맞추어 나오도록 유도할 수 있다. 가끔 손님에게 차에 시동을 걸어 놓고 비상깜빡이를 켜놓을 것을 요구하는 대리기사가 있는데 손님에게 이런 걸 시키는 건 별로 좋지 않다고 생각한다. 조금이라도 출발시각을 당겨보자는 욕심에서 그런 말을 하는 것 같은데 듣기에 따라서는 명령조가 될 수도 있을 것이다. 그런 요구를 할 때는 최대한 조심스럽게 이야기하는 것이 좋겠다.

전동휠을 가지고 있는 경우에는 트렁크에 싣기 전에 먼저 손님에게 양해를 구한다. 가끔 여자 손님은 자신의 트렁크를 말도 없이 함부로 열었다고 화를 내는 수가 있다.

"트렁크에 전동휠을 좀 실어도 되겠습니까?"

전동휠을 트렁크에 싣겠다는데 안된다는 사람은 없다. 그래도 한 번쯤 양해를 구하고 싣는 것과 아무 말도 없이 턱 하니 싣는 것과는 다르다. 주의해야 한다.

출발지에 도착해서 손님 차에 타면 그냥 간단하게 "안녕하세요?"라고 인사를 한다. 나 같은 경우는 출발하면서 항상 "출발하겠습니다."라는 말을 하기도 한다. 출발하기 전에 항상 도착지 어디로 모시면 되는지 한 번 더 이야기하고 확인하면서 출발한다.

"안양 박달동 삼성래미안으로 모시면 되겠습니까?"

도착지에서는 손님에게 간단하게 "편한 밤 되십시오."라고 인사를 한다. 이게 입에 붙다 보니 가끔 낮에 대리운전을 할 때도 "편한 밤 되십시오."라고 인사를 하기도 한다.

1. 콜을 잡고 손님에게 바로 전화한다. "안녕하세요? 대리기사입니다. ○○○로 가면 되겠습니까? ○분 정도 걸리겠습니다."

2. 출발지에 도착해서 전동휠을 손님 차 트렁크에 싣기 전에 "전동휠을 트렁크에 좀 실어도 되겠습니까?"라고 양해를 구한다.

3. 손님 차에 타서 "안녕하세요? ○○○로 모시면 되겠습니까? 출발하겠습니다."라고 한다.

4. 도착지에서 손님에게 작별인사로 "편한 밤 되십시오."라는 간단한 인사말을 한다.

* 손님과 통화하거나 이야기할 때 목소리는 가벼운 솔 톤으로 명쾌하게!

버스노선을 알아두자

도보로 하는 대리기사는 당연히 버스노선을 훤히 알고 있어야 한다. 도보로 움직인다는 것은 100% 걷는 게 아니다. 버스를 타기도 하고, 급한 경우에는 적절하게 택시를 타기도 한다. 택시는 장거리 가는 콜을 잡았을 때 금액대비 택시비를 지불할 수 있을 만할 때 타는 것이다.

자신이 주로 다니는 곳의 버스노선을 알고 있어야 한다. 대리운전을 하다 보면 자신이 주로 다니는 곳의 패턴이 생긴다. 손님을 내리고 콜이 없을 때는 '콜밭' – 콜이 많이 있는 장소 – 으로 버스를 타고 이동한다. 버스를 타고 이동하는 중에도 콜이 들어 올 때는 당연히 콜을 잡고 버스에서 내려서 출발지로 이동한다. 대리운전은 시간이 돈이라고 했다.

버스노선을 잘 알고 있어야 어떤 버스를 타고 어디로 이동할지를 빨리 결정할 수 있고 그 버스를 바로 탈 수 있다. 그리고 한 가지 더 버스의 막차 시간을 아는 게 중요하다. 버스의 막차 시간을 아는 것은 콜을 잡는 것과도 연관이 있기 때문이다.

내가 이 콜을 잡고 그곳으로 가야 할지, 말아야 할지를 결정할 때 도착지에서 버스 막차가 몇 시에 있는 줄 알아야 제대로 된 판단을 할 수 있다. 버스가 끊기면 피시방 같은 곳에서 밤을 새우고 새벽 첫차를 타고 집으로 돌아가야 한다. 대리기사가 버스가 끊겼다고 우아하게 모텔에서 잠을 자거나 집까지 택시를 타고 가는 것은 할 수 없다.

도보로 하는 대리기사만 버스노선을 훤히 알고 있어야 하는 것은 아니다. 전동휠을 타는 대리기사도 버스노선을 어느 정도는 알고 있는 게 좋다. 버스 막차 시간도 마찬가지이다. 아무리 콜이 없는 장소나 시간대를 피하려고 해도 뜻대로 되지 않는 경우가 간혹 있다. 인간사 모두 뜻대로 되는 게 아니듯이. 그럴 때는 전동휠 기사도 버스를 타고 이동해야 하는 일이 생긴다.

역시 마찬가지로 버스를 타고 이동하는 중에도 대리앱을 보고 있다가 원하는 콜이 뜨면 콜을 잡고 버스에서 내려서 출발지로 이동한다.

그런 일은 거의 없지만 간혹 버스 기사 중에 전동휠이나 킥보드를 들고 있는 대리기사가 버스에 타지 못하게 승차 거부를 하는 경우가 있다. 킥보드는 무게나 크기가 있어서 승차 거부를 할 수도 있다고 생각하지만, 전동휠을 승차 거부하는 버스 기사는 좀 이해하기 어렵다.

나도 여러 번 버스를 타고 이동한 적이 있는데 승차 거부를 하는 버스 기사를 만난 적은 없다. 하지만 버스정류장에 내가 탈 버스가 도착하면 '안 태워주면 어쩌나?' 항상 긴장이 됐다.

1. 자신이 주로 다니는 곳의 버스노선을 알아둔다
2. 자신이 주로 다니는 곳의 버스 막차 시간을 알아둔다.
3. 버스를 타고 이동 중에도 대리앱을 보고 원하는 콜을 잡는다.

수동기어 운전

콜을 잡고 출발지에 갔는데 차가 오토매틱이 아닌 수동인 경우가 가끔 있다. 특히 1톤 화물차이거나 택배회사 차량인 경우 기어가 수동일 때가 있다. 기어가 수동인 경우 콜을 잡으면 '수동운전 가능자'라는 메모가 되어있다. 하지만 바삐 움직이다 보면 이런 메모를 제대로 확인하지 못하고 수동기어 운전을 할지 모르면서 수동기어 차량을 만나는 낭패를 볼 수가 있다. 이런 경우 기껏 출발지까지 갔는데 콜을 포기해야 한다. 자신이 수동기어를 운전할 줄 모른다면 콜을 잡을 때 '수동운전 가능자'라는 메모가 있는지 꼼꼼히 확인하여야 한다. 당연히 이런 메모가 있다면 콜을 잡지 말아야 한다.

그런데 안타깝게도 이런 메모가 되어있지 않았는데 수동기어를 만나는 때가 가끔 있다. 나는 군대에서 4.5톤 트럭을 몰고 서울 시내를 활보했던 사람이라 수동기어를 운전하는 데 전혀 지장이 없다. 군대 생활과 관계없이 50대가 넘은 사람이라면 수동기어를 운전할 줄 알 것이다. 내가 운전을 시작했던 80년대에는 아예 오토매틱 차량 자체가 없었다.

요즘 젊은이 중에는 면허를 딸 때 '오토매틱 면허'를 많이들 취득한다고 들었다. 대리운전하면서 수동기어를 못 해서 '수동운전 가능자'라는 메모를 눈여겨봐야 하거나 수동기어를 만나 콜을 포기하는 것보다는 수동기어 운전을 연습하는 게 어떨까 하는 생각을 해본다. 자동차학원에서 1톤 트럭으로 운행 연습을 하는 것이다.

대리운전의 특성상 콜 하나를 포기하면 그 한 개의 콜로 끝나는 게 아니라 흐름이 끊겨 일하는 데 불편하고 수입에 마이너스가 된다. 쉬운 일은 아니겠지만 수동기어를 연습할 것을 권한다. 아니면 콜을 잡고 '수동운전 가능자'라는 메모를 꼭 눈여겨보아야 한다. 그러나 아무리 꼼꼼하게 살펴봐도 가끔은 수동기어 차량을 만나는 수가 있다.

1. 수동기어 운전을 못 하면 콜을 잡을 때나 콜을 잡고 나서도 '수동운전 가능자'라는 메모가 있는지 잘 확인하다.
2. 1톤 화물차, 택배 차량, 다마스 같은 차량은 수동기어일 확률이 높다.
3. 가능하면 수동기어 운전 연습을 한다.

대리기사 전용 셔틀버스

나는 전동휠을 타고 다니기 때문에 대리기사만 타는 셔틀버스 같은 게 있는 줄도 몰랐다. 2인 1조로 하다가 홀로서기를 하면서 그야말로 무쏘의 뿔처럼 혼자 일을 했다. 동료 대리기사를 만나거나 함께 식사한 적도 없었다. '새달사'라는 카페라는 게 있는지도 몰랐다.

그러던 중 마땅한 콜이 없어서 오산 가는 콜이 3만 원에 뜨길래 기쁜 마음으로 콜을 잡고 오산으로 갔다. 오산에서 운행을 마치고 12시가 넘었는데 수원 쪽으로 가는 콜이 전혀 없었다. 나중에 알게 된 사실이지만 밤 10시 30분 이후에는 오산을 가는 게 아니었다. 수원으로 오는 콜이 없고, 거기다 버스까지 끊기면 외딴섬에 갇힌 꼴이 되고 마는 것이다.

12시가 넘어서 오산에 있으니 수원으로 가는 콜도 없고 버스마저 끊기고 만 것이다. 어찌할 줄을 몰라 쩔쩔매다가 할 수 없이 택시를 타기 위해 무조건 대로변으로 나갔다. 오산에서 수원까지 택시비를 낼 생각을 하니 속이 까맣게 타는 듯했다. 수원 가는 택시를 타기 위해 한참을 전동휠을 타고 대로변으로 달리고 있는데 앞쪽에 터벅터벅 걷고 있는 대리기사가 눈에 보이다. 반가운 마음에 달려갔다.

"안녕하세요? 수원으로 가는데 이 시간에 택시를 타려면 어디로 가는 게 좋을까요?"

40대 중반쯤 보이는 대리기사가 눈을 동그랗게 하고 나에게 말했다.

"택시를 왜 타요. 요기 앞에 가면 셔틀버스가 바로 올 거예요."

그때 셔틀버스를 타고 오산에서 수원시청까지 3천원을 내고 왔었다. 11인승 봉고차에 대리기사들이 꽉 찼다. 그중에서 콜을 잡고 중간에 내리는 대리기사도 있었다. 3천원이면 거의 버스비를 내고 오산에서 수원까지 온 거와 마찬가지이다.

자정이 넘으면 웬만한 시내면 곳곳에 대리기사를 위한 셔틀버스가 다닌다. 물론 11인승 봉고차이다. 시내는 2천원, 시외는 3천원 정도만 내면 된다. 셔틀버스 정류장은 어디인지, 몇 시에 운행하는지 아는 것은 대리운전을 하는 사람이 알아야 하는 필수사항이다.

1. 도보로 하는 대리기사는 셔틀버스 정류장, 운행시간 등의 정보를 알고 있어야 한다.

2. 셔틀버스로 이동 중에도 대리앱을 보고 원하는 콜을 잡는다.

3. 셔틀버스앱을 이용하면 편리하다. – 대리운전달빛기사(수도권), 갈래요(경기 동남권), 호출버스(인천지역 위주), 아까 거기에 갔어야 했네(지도에 단순 표기) 등 플레이 스토어에서 '대리기사셔틀'이나 '대리기사 셔틀버스'로 검색하면 된다.

4. 전동휠을 타는 대리기사도 가끔은 셔틀버스를 타야 할 일이 생긴다.

팁을 잘 받는 방법

한번은 낮에 수원에서 안양까지 콜을 잡고 운행을 한 적이 있다. 50대 중반의 손님을 태우고 출발했다. 가면서 내내 차량의 MP3에서 음악이 흘러나왔다. 국내 음악뿐만 아니라 일본, 중국, 아시아를 넘어 스페인, 독일 음악까지 차 안에서 전 세계 음악을 들을 수 있었다. 이름도 모르는 나라의 음악까지 있었다. 손님이 틀어 준 음악은 대부분 난생처음 듣는 것이었지만 듣는 곡마다 내 가슴을 울려왔다.

차량은 내가 좋아하는 신형 에쿠스였다. 음악을 좋아하는 사람인만큼 차량 스피커도 따로 업그레이드했는지 음악 소리가 웅장하게 들렸다. 차 안이 마치 오케스트라를 연주하는 공연장 같았다.

어떤 음악과 노래는 화살처럼 가슴에 꽂히기도 했다. 내가 좋아하는 반응을 보이면 손님은 함께 호응해주었다. 그리고 계속해서 같은 곡을 여러 번 손님과 함께 듣기도 했다. 그 감동과 환희를 생각하면 지금도 가슴이 설렐 정도이다.

손님이 어떤 일을 하는 사람인지는 알 수 없었지만, 음악에 상당한 조예가 있었다. 여러 나라의 음악과 노래를 듣는 것도 대단했지만 그 음악과 노래를 들으면서 흥을 돋우는 그의 몸짓은 어디에서도 보지 못한 것이었다. 그의 몸짓은 마치 바람에 흩날리는 아름다운 여인의 치맛자락 같다는 생각이 들었다.

'안양이 아니라 이렇게 음악을 들으며 부산까지라도 달리고 싶다.'

그의 집에 도착해서 대리비를 받았는데 대리비 말고 5만 원짜리를 한 장 더 주었다. 나는 깜짝 놀라서 말했다.

"손님 덕분에 좋은 음악과 노래를 들어서 제가 감사한데요. 팁까지 주시다니요."

그때 손님은 활짝 웃는 얼굴을 하고 나에게 말했다.

"제가 여태까지 누군가와 함께 음악을 들으면서 이렇게 유쾌해 본 적이 없습니다. 그래서 팁을 드리는 겁니다."

심금을 울리는 좋은 음악과 노래를 선물 받고 팁까지 받았다. 내가 한 일은 고작 차 안에서 음악을 들으면서 흥겨워한 것뿐이었다.

팁을 잘 받는 노하우 같은 게 있을까? 정답은 있다. 특별히 이렇게 하면 팁을 잘 받을 수 있다는 건 아니지만 유독 팁을 잘 받는 대리기사가 있다. 팁은 대리비 외에 보너스 같은 별도의 수입이다. 팁을 매일 받거나 매번 받는 것은 아니지만 한 달을 기준으로 보면 이것도 사실 무시할 수 없는 금액이 된다. 여자 손님에게는 별로 소용이 없지만 남자 손님인 경우 손님 차에 대해 칭찬을 하면 굉장히 효과적이다.

1. 손님의 말을 잘 들어주고 공감을 표현한다. 고개를 끄덕거리거나 맞장구를 쳐준다.

2. 손님이 좋아하는 음악이나 노래를 함께 좋아한다. 이건 진심이어야 한다.

3. 손님의 차를 칭찬한다. 이것 역시 진심이어야 한다. 여자보다 남자 손님에게 효과가 있다.

오지 콜은 잡지 마라

배양동의 추억

대리운전을 막 시작했을 때의 일이다. 내 눈을 번쩍 뜨게 하는 콜이 나타났다. 권선동에서 배양동까지 25,000원짜리 콜이 뜬 것이다. 매번 1만 원, 12,000원짜리만 보다가 25,000원짜리를 보니 나는 김이 나는 고기를 본 개처럼 콜을 덥석 물었다.

'우와, 25,000원짜리 콜이라니 이게 웬 떡이냐.'

손님을 만나 차 트렁크에 전동휠을 싣고 배양동으로 향했다. 가만히 생각해보니 배양동은 옛날에 '배양리'가 아닌가 하는 생각이 들었다. 몸이 불편하신 아버지를 대신해 돈을 벌기 위해 어머니가 자전거에 화장품을 싣고 물건을 팔러 자주 다니신 곳이다.

도착한 곳은 동네 입구에서도 한참을 더 들어가서야 운행을 마쳤다. 겨우 밤 9시가 조금 넘은 시각인데 사방이 온통 시꺼멓고 시골 동네에서 들릴법한 개소리마저 들리지 않는다. 담장을 붙들고 뒤뚱거리며 전동휠에 올라탔다.

'25,000원이라는 돈에 홀려서 오지 말아야 할 곳을 오고 말았구나.'

나도 모르게 입에서 큰 한숨이 튀어나왔다. 전동휠을 타고 달리다 보니 길가 양쪽으로 군인이 사열하듯이 큰 가로수가 떡하니 버티고 서 있다. 제법 긴 행렬이다. 다리가 후들거렸다. 오늘이 처음 전동휠을 타고 나온 날인데 이 어두운 길에서 넘어지기라도 하면 큰일이다.

한참을 달린 것 같은데 아직도 길옆에 큰 가로수는 군인처럼 사열하고 있다. 얼마를 더 달렸을까. 눈앞에 GS25시 편의점이 보인다. 나그네가 산속에서 길을 잃고 헤매다가 주막을 발견한 기분이다. 편의점에 들어가서 불안한 얼굴로 택시를 탈 수 있는 곳이 어디냐고 물었다. 점원은 무뚝뚝한 표정으로 말했다.

"택시는 이미 끊기고 없는데요."

그럼 콜택시라도 불러 달라고 부탁을 했다. 이런 시골에는 콜택시가 있게 마련이다. 점원은 메모 된 전화번호를 보더니 콜택시사무실에 전화를 걸었다. 역시 무표정한 얼굴로 말했다.

"콜택시도 없다는데요."

그 말을 듣는 순간 정말 울고 싶었다.

'이젠 어쩌란 말인가?'

시내버스는 아직 있을 거라는 말을 듣고 버스정류장으로 향했다. 전동휠을 타고 15분쯤 달리니 버스정류장이 보였다. 안내표지를 보니 다행스럽게도 수원 시내로 가는 노선버스가 있었다.

간혹 전동휠을 든 대리기사를 태워주지 않는 버스 기사가 있다는 소리를 들은 적이 있어서 불안과 긴장감 속에서 버스를 기다려야 했다. 머리에는 헬멧을 쓰고, 손에는 낑낑대며 전동휠을 들고 수원행 버스를 타야만 하는 현실이 참으로 야속했다.

수원행 버스가 미끄러지듯이 정류장으로 들어온다. 이 버스를 타고 수원까지 갈 수 있기를 기도하며 버스에 올랐다. 기도가 통한 것일까. 무사히 자리를 잡고 한쪽 구석에 앉았다. 다른 사람에게 피해가 가지 않도록 전동휠을 다리 가운데 두었다. 헬멧을 쓴 어릿광대를 싣고 버스는 출발했다.

'여기서 1시간을 넘게 허비하다니. 오늘 홀로서기 첫날인데 폭삭 망했다. 맹세컨대 배양동에는 다시 오지 않으리라.'

사당역은 오지였다

한번은 이런 일도 있었다. 휴대폰 대리앱을 켰다. 서로 날 좀 봐주세요. 경쟁하듯이 콜이 무척 많았다. 어떤 콜을 잡고 어디로 가야 하나 망설여지고 고민되는 시간이다. 한참을 뚫어져라 보고 있는데 수원역 근처에서 사당동까지 가는 3만 원짜리 콜이 눈에 들어오다. 순간적으로 사당역 근처이니 당연히 '콜밭'일 거라고 생각했다.

내가 있는 곳에서 가까운 거리에 있는 손님이라 가벼운 마음으로 이동

했다. 사당역 근처의 단독주택에 손님을 내려 주고 주차했다. 예상했던 대로 가까운 거리에 사당역이 있었다. 장검처럼 전동휠을 옆에 끼고 버스 정류장 의자에 앉았다.

그런데 버스정류장에 앉아서 휴대폰 대리앱을 들여다본 지 30분이 지나가는데도 수원 쪽으로 가는 콜이 보이지 않는다. 점점 마음이 초조해지기 시작했다. 1시간이 지나자 심장이 오그라드는 느낌이 들었다. 여기서 좀 더 시간을 지체하면 수원 가는 버스나 전철이 끊기게 된다. 그러면 사우나에서 자거나 PC방에서 밤을 새워야 한다.

'5분만 더 기다려 보고 수원행 버스를 타자.'

5분 동안 애타는 마음으로 휴대폰 대리앱을 보았지만 콜은 보이지 않았다. 결국 콜을 잡는 것을 포기하고 나니 바로 수원행 버스가 도착했다. 버스 문이 열리고 전동휠을 손에 들고 힘없이 한 걸음, 두 걸음 버스에 올라타고 있는데 수원 정자동 가는 콜이 눈에 들어왔다.

'오우, 하느님! 감사합니다.'

재빨리 콜을 잡고 다시 뒤돌아서 버스에서 내렸다. 버스를 내리는 발걸음은 가볍고, 내 얼굴에는 미소가 샘물처럼 흘렀다.

사실 오지에서 탈출하는 방법을 알기보다는 오지에는 가지 않는 것이 최상이다. 하지만 안타깝게도 모르면서도 가게 되고, 알면서도 가게 되는 곳이 바로 오지이다. 전혀 모르고 오지에 도착해서 깜깜한 밤길에 홀로 버려지면 황당하다. 알면서도 오지에 도착하면 자기 자신에게 '여기를 왜 또 왔나.' 하는 생각에 불쑥 화가 치밀어 오른다. 어떤 경우이든 당황하거나 자신에게 화를 내지 말고, 오지를 탈출할 방법을 궁리하고 얼른 오지에서 나와야 한다.

1. 가까운 버스정류장으로 가서 버스를 타고 이동한다. 전동휠을 타는 대리기사도 먼 거리를 갈 때는 버스를 타는 게 좋다.

2. 버스가 없을 때는 택시를 타고 가까운 시내로 이동한다. 시내에서 콜을 잡고 이동한다.

3. 오지에서 탈출에 실패했을 때는 PC방같은 곳에서 있다가 새벽 첫차 – 대중교통 – 를 타고 이동한다.

4. 오지에 갔던 곳은 잘 메모하고 기억하였다가 다음에는 가지 않도록 노력한다. 전략적으로 오지에 들어가는 대리기사도 있다.

낮에도 콜은 있다

벽시계에 넣을 건전지를 사러 다이소에 가고 있는데 중학 동창인 친구에게서 전화가 걸려왔다.

"바쁜데 왜 전화했어?"

내 말을 듣고 친구가 가소롭다는 투로 얘기한다.

"바쁘긴 뭐가 바빠. 너 다이소 가는 길이지?"

그 말에 나는 깜짝 놀랐다.

'아니 이 친구가 내 머리 위에 CCTV라도 달았다는 말인가.'

"아니, 내가 다이소 가는 걸 어떻게 알았어?"

"니가 다이소말구 갈 데가 어딨나?"

다이소에서 벽시계에 넣을 AA 건전지 네 개를 사서 나왔다. 차를 몰고 집으로 가면서 아무 생각 없이 오후 1시의 '콜 현황'은 어떤가 궁금한 마음으로 대리앱을 켜 보았다. 뜻밖에 1킬로미터밖에 안 되는 거리에서 "띵똥!" 소리와 함께 권선동에서 구운동까지 가는 2만 원짜리 콜이 눈에 띈다. 꿀이 철철 넘쳐흐르는 콜이다.

'오후 1시에도 술을 마시는 사람이 있네.'

이걸 한 콜 하면 지동시장에 가서 반찬을 살 수 있는 돈을 벌 수 있다는 생각에 나도 모르게 이미 콜을 누르고 있었다. 오후 1시에 대리 일을 하는 건 처음이다. 대낮에 대리기사를 부르다니 설마 장난은 아닐 거라는 마음으로 손님에게 전화를 걸었다.

"안녕하세요? 대리기사입니다. 권선동 동아아파트 어디로 갈까요?"

103동 3, 4라인 앞으로 오란다. 장난은 아니었다. 그대로 차를 몰고 가서 아파트주차장에 차를 세워 놓고 차에서 전동휠을 꺼내서 한 콜만 하기로 했다. 구운동에 갔다가 전동휠을 타고 돌아와서 번 돈 1만 6천원을 가지고 지동시장에 가서 마음껏 반찬을 살 생각이다. 대리비 2만 원에서 수수료 20%를 제외한 1만 6천원이 내 몫이다.

그날 나는 저녁 식사도 거른 채 새벽 2시까지 일을 해서 수수료를 제외한 순 수입으로 33만 원을 벌었다. 이렇게 대낮에도 콜은 있다.

평일 오후 1시쯤, 다이소에 물건을 사러 갔다가 집으로 가는 길에 그냥 아무 생각 없이 대리앱을 켰는데 '꿀 콜'을 만났다. 반찬값이라도 벌어보자는 심사로 일을 시작했는데 새벽 2시까지 일을 해서 33만 원을 벌자 나 자신도 깜짝 놀랐다. 그때가 초보 시절을 막 벗어날 때였으니까 하루 수입으로 죄고였다.

낮에, 그것도 평일 오후 1시에 콜이 있으리라고는 상상도 못 했었다. 그러니까 대리운전을 하면서 일하는 시간을 늘려서 낮부터 시작하면 충분히 수입을 늘릴 수 있는 것이다. 이렇게 긴 시간을 일할 때는 잘 먹고, 잘 자고, 몸 컨디션을 좋은 상태로 유지하는 지혜가 필요하다.

1. 낮에도 콜은 있다.

2. 낮부터 시간을 늘려서 일하면 충분히 수입을 늘릴 수 있다.

3. 긴 시간을 일할 때는 몸 컨디션을 잘 유지해야 한다.

02 진상 고객 대처법

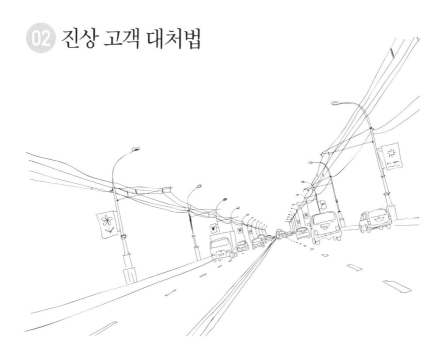

만취한 손님

동탄에서 있었던 일이다. 도착지에 도착해서 주차장 입구로 들어가고 있는데 손님이 계속 술에 취해 자고 있다. 이건 좋은 조짐이 아니다. 보통 자기 집 입구에 도착하면 아무리 술에 취한 사람이라도 애벌레처럼 꿈틀거리며 잠에서 깨어나는데…….

지하 주차장에 도착해서 손님을 흔들어 깨워 보았다. 하지만 미동도 하지 않는다. 아뿔싸. 이럴 때는 어쩐단 말인가. 대리기사로 생초보인 나에게는 난감한 일이 아닐 수 없다. 다시 한번 세게 흔들며 깨워 보았다.

"손님, 댁에 다 왔습니다. 주차장인데 어디로 모실까요?"

간신히 잠에서 깨어 앞에서 좌회전하라고 한다. 좌회전한 후 다시 "어디로 갈까요?"라고 묻기 위해 고개를 돌려보았더니 마치 잘린 통나무처럼 잠들어 있다. 한 번 더 흔들어 깨워서 어디로 가야 하는지 물었다. 이번에는 "우회전을 한 후 조금 앞으로 가서 주차하면 된다."라고 한다.

거세게 핸들을 돌려서 우회전을 한 후 빈 곳에 주차를 하고 나서 "손님, 주차했습니다."라고 말했더니 이번에는 용수철이 튕기듯이 일어난다. 그러더니 "누가 여기다가 차를 세우라고 했어. 엉? 다시 저쪽으로 가서 차를 세워야지."라고 한다.

나는 어이가 없었지만, 그가 손으로 가리킨 곳에다 차를 세우고 이제 됐는지 물었다. 일어나는가 싶더니 인사를 잘하는 초등학생처럼 고개를 숙이며 그대로 잠이 들어버린다. 흔들어 깨워놨더니 고래고래 소리를 지르며 화를 낸다.

"아니, 지금 나하고 장난하는 거야. 여기가 아니고 저쪽으로 가란 말이야."

이렇게 욕을 먹어가며 30분 이상 주차장을 빙빙 돌며 겨우 빈자리에 주차를 하고, 뒤차를 타고 아파트주차장을 빠져나왔다.

나는 복받쳐 오르는 감정을 주체할 수가 없었다. 이 감정을 폭발시키지 못하면 내가 폭발할 거 같았다. 나는 뒤차에 소변이 마려워서 화장실에 간다고 거짓말을 하고 상가 화장실로 달려갔다. 다행히 남자 화장실에는 아무도 없었다. 거울을 보며 세면대를 양손으로 잡고 목을 놓아 엉엉 울었다. 거울 속에 엉엉 우는 내 모습을 보고 서러워져서 더욱 소리높여 울었다. 나는 연극무대 위에 선 배우처럼 그렇게 울었다. 그리고 무대 위에서 내려온 후 세면대에서 눈물을 씻고 아무렇지도 않은 듯이 화장실에서 나와 뒤차를 탔다.

대리운전을 막 시작한 초보 시절에 있었던 일이다. 지금이라면, 이런 경우 적당한 자리에 주차하고 아무렇지도 않은 듯 술 취한 손님을 두고 그냥 내렸을 것이다. 아무런 잘못도 없이 굳이 손님에게 욕먹을 일은 아니었다.

너무 만취해서 인사불성인 손님은 태우지 않는 게 최상이다. 그러니까 출발지에 도착해서 손님을 만났는데 인사불성이고 몸을 가누지 못하는 정도라면 콜을 뺄 수 있다면 빼는 것도 하나의 방법이다. 콜을 잡은 대리회사에 전화해서 사정 이야기를 하고 콜을 빼달라고 하는 것이다. 웬만하면 대리회사에서 처리해준다. 하지만 대리운전은 어차피 술 취한 사람을 태우는 일인데 만취한 손님이라고 콜을 무조건 빼는 것만이 능사는 아니다.

나는 만취한 손님이 술주정하고, 욕을 하는 정도는 애교로 생각한다. 설사 약간의 폭력을 행사한다고 해도 술 취한 사람에게 맞을 일도 없다. 싸운다는 이야기가 아니라 피한다는 뜻이다. 하지만 내가 절대 참지 않는 것이 있다. 그건 손님이 대리비를 내지 않는 것이다.

술 취한 사람에게 대리비를 받기 위해 손님의 주머니를 뒤지거나 하는 행동을 하면 안 된다. 하지만 답답한 마음에 그런 생각을 한 적은 있다. 대리비를 달라고 아무리 말을 해도 돌부처처럼 아무 반응이 없을 때는 결국 경찰을 불러야 한다. 신기한 게 그렇게 흔들고 깨우고 집에 도착했다고 이야기해도 꿈적도 하지 않던 사람이 경찰이 와서 한마디만 하면 깨어난다.

경찰이 와서도 지갑에 돈이 한 푼도 없어서 결국 집에까지 가서 부인에게 대리비를 받은 적도 있다. 그때 내가 운전했던 차가 그 유명한 포르쉐였다. 그 차가 포르쉐인 것도 하도 답답해서 경찰이 오는 동안 차밖에 나가 있다가 알게 되었다. 경찰이 출동하고 깨워서 집에 가느라 일을 못 한 시간이 너무 아깝고 화가 나서 부인에게 1만 원을 더 달라고 했었다. 나는 아무런 기대를 하지 않고 한 이야기였었는데 부인이 선뜻 대리비 외에 1만 원을 더 주었다.

현금이 아닌 카드로 결제한 손님인 경우에는 도착지 주차장에 차를 잘 주차한 후 차량 사진을 찍고 이동하면 된다. 나 같은 경우에는 휴대폰 녹음기를 이용해 몇 번이고 깨워서도 일어나지 않는 상황을 녹음하기도 한다.

현금으로 대리비를 받아야 하는 경우가 문제인데 이럴 때는 빨리 경찰을 불러서 해결하는 수밖에 없다. 경찰을 부르고, 시간이 많이 지체된다고 해서 대리비 받는 것을 포기할 수는 없는 일이다.

1. 술에 너무 취해 인사불성인 손님을 만났을 때 콜을 뺄 수 있다면 콜을 뺀다.

2. 카드결제인 경우에는 도착지에서 주차를 잘한 후 사진을 찍고 마무리한다.

3. 도착지에서 아무리 깨워도 반응이 없을 때는 빨리 경찰을 불러서 해결한다.

4. 감정적으로 손님을 너무 흔들거나 해서는 절대 안 된다. 특히 여자 손님인 경우에는 흔들어 깨우는 것은 금물이다.

욕설과 폭언을 하는 손님

밤 11시가 넘어서일까. 안양에 도착해서 손님을 내리고 대리앱을 보니 콜 무다. 아니 콜은 있지만, 수원으로 가는 콜이 없다. 11시가 넘어서니 마음이 조급해지기 시작한다. 이러다 사우나나 PC방에서 밤을 새워야 하는 게 아닌가 하는 불안감이 파도처럼 엄습하다. 전동휠을 타고 집까지 갈까도 생각해보았지만 20킬로미터가 넘는 거리를 외발인 전동휠을 타고 가는 건 아무래도 무리다.

걱정하고 있는데 수원 조원동으로 가는 콜이 뜬다. 손님이 있는 출발지까지 5킬로미터나 된다. 그래도 수원집으로 가려면 콜을 잡아야 한다. 콜을 잡고 출발했다. 이럴 때는 손님에게 바로 전화를 걸면 안 된다. 10분이 훨씬 넘어서 도착하기 때문이다. 출발해서 한 3킬로미터 정도 남았을 때 전화를 건다. 그럼 손님에게는 10분 만에 도착한 게 되는 것이다. 물론 요즘은 콜을 잡자마자 대리기사의 사진과 이름까지 손님에게 전송이 되지만. 그걸 다 일일이 들여다보는 손님은 별로 없다. 3킬로미터쯤 남았을 때 전화를 한다.

"안녕하세요? 대리기사입니다. 우정원으로 가면 됩니까?"

계속해서 군포 우정원으로 전동휠을 몰고 갔다. 우정원에게 도착하니 11시가 넘은 시각인데도 대낮같이 불을 환하게 켜 놓았다. 전화하고 손님을 만났다. 60대 초반쯤 되어 보이는 인상이 좋은 남자였다. 술을 많이 마셨는지 볼이 빨갛게 단풍처럼 물들어 있다. 남자 주변에 후배로 보이는 사람들이 그를 배웅하고 있다. 손님이 나를 보더니 대뜸 이렇게 말한다.

"야, 인마. 너 누구야?"

나는 순간 놀라서 대리기사라고 말했다.

"대리기사는 무슨. 그냥 가 이놈의 새끼야."

어찌할 바를 몰라 손님 앞에서 그냥 쌀자루처럼 서 있었다. 옆에 있는 젊은 사람들이 "형님, 제발 집에 가셔야죠."라고 말하며 손님을 억지로 차에 태우려고 했지만 막무가내였다. 술 취한 선배를 후배들이 대리를 불러 집으로 배웅을 하는 중이었다. 내가 우물쭈물하고 있으니까 손님이 또 한마디 한다.

"이놈의 새끼가 그냥 가라니까. 나 한잔 더 할 거야."

아직 술이 고픈 모양이다. 그런데 이제는 말뿐만 아니라 나에게 발길질을 하기 시작했다. 나를 때린다고 허공에 대고 발길질을 해대는데 나도 모르게 웃음이 나왔다. 술 취한 그의 발길질은 마치 성룡의 취권을 보는 것 같았다.

후배들의 만류에도 불구하고 계속해서 내게 욕을 하고 허공에 대고 발길질을 해댔다. 점점 심해져 이제는 주먹질까지 해댄다. 여기서 수원으로 가야 하는 상황만 아니라면 콜을 취소하고 말았을 것이다.

겨우겨우 손님을 차에 태웠다. 차는 흔치 않은 하얀색 지프(Jeep)였다. 차에 시동을 걸고 출발했다. 가는 내내 중얼중얼 알아들을 수 없는 말을 하기도 하고, 가끔 혼자 욕을 하기도 했다. 그러다가 차가 한창 달리고 있는데 자꾸 기어에 손을 대는 게 아닌가. 아찔했다. 기어에 손을 못 대게 오른손으로 감싸고 운전했다. 이제는 거기다 주먹질까지 해댄다. 술 취한 사람의 주먹질에 맞을 일은 아니지만, 기분은 더럽고 찹찹했다.

조원동 ○○아파트에 도착했다. 주차하고 차 키를 건네주었다. 여태까지 술주정하던 모습은 어디로 가고 놀랍게도 해맑은 소년처럼 웃으며 나에게 허리 숙여 인사를 한다.

"고맙습니다. 살펴서 가세요. 대리비는 드렸나요?"

만취해서 욕을 하고, 주먹질해대던 사람이 갑자기 고맙다는 말을 하며 허리 숙여 인사까지 하니 온몸에 소름이 끼친다.

"대리비는 아까 후배분께서 주셨습니다."

흔한 일은 아니지만, 가끔 이런 손님을 태우는 경우가 있다.

아무리 욕을 먹어도 그냥 술 취한 사람의 애교 정도로 받아들이면 문제가 될 것이 없다. 나는 대리운전을 시작하면서 손님과 절대 싸우지 않겠다는 철칙을 세웠다. 손님과 싸우다 보면 시비가 될 수 있고 다툼으로 시간을 지체하게 된다. 가끔은 욕을 해대던 손님이 도착지에 와서 기분 좋게 팁을 주는 경우도 있다.

들은 이야기로는 손님이 술에 취해 욕을 하면 바로 같이 욕을 하며 싸우는 대리기사가 있다고 한다. 싸우다가 욕을 하고 그냥 도로 위에서 손님을 버리고 내리는 대리기사도 있다. 그런 자신이 멋있어 보일 줄 모르지만 나는 어리석은 행동이라고 생각한다. 솔직히 술 취한 손님에게 욕을 먹는 게 싫다면 대리운전을 하지 말고 집에서 쉬는 게 낫다고 생각한다.

술 취한 손님과 시비를 걸고 싸울 시간에 한 콜을 더 뛰고 돈을 버는 게 현명한 처사일 것이다.

1. 술 취한 손님의 욕설이나 폭언은 애교쯤으로 생각하라.

2. 손님에게 함께 욕을 하고 시비를 벌이는 것은 절대 금물이다.

3. 만취해서 욕을 했던 손님이 도착지에서 친절하게 팁을 주는 경우도 있다.

경유비를 안 내려는 손님

경유비로 손님과 다투는 경우가 생각보다 많다. 경유를 한다는 것은 예상하지 못했던 상황이라 손님과 직접 경유비를 타협해야 하는데, 손님은 안 내거나 적게 내려고 해서 대리기사와 다툼이 생기는 것이다. 대부분 손님은 가는 길에 잠깐 멈추었다 가는데 무슨 경유비를 받냐고 이야기한다. 그러나 손님의 그런 말을 그대로 믿어서는 안 된다.

가는 길에 잠깐 멈추었다 가는 건 손님의 이야기일 뿐이다. 도착지와 정반대 방향으로 가기도 하고, 한참을 돌아서 가기도 한다. 가는 길이라고 이야기하지만 정말로 가는 길에 내리는 경우는 거의 없다.

출발지에 갔는데 가족이 아닌 손님이 두 명 이상일 때에는 경유가 있을 거라는 판단을 해야 한다. 경유가 있다고 하면 출발하기 전에 경유비를 내야 한다는 이야기를 하고 출발해야 가는 도중에 손님과 시비나 다툼이 생기지 않는다.

여기에는 한 가지 중요한 포인트가 있다. 경유비는 받는 게 정당한 것이라는 생각을 가져야 한다. 그리고 손님에게 경유비를 요구할 때는 당당한 말투로 해야 한다.

'아, 이거 경유비를 받아야 하나? 말아야 하나?'

이런 생각을 하고 있다면 당당함이 없을 테고 손님에게 어필하지 못해 경유비를 받는 데 실패하게 된다. 경유비를 받고 못 받고 한 건 한 건으로 생각하면 별거 아닌 금액이다. 하지만 이것도 한 달 단위로 생각하면 이야기가 달라진다. 경유비로 손님과 시비가 생겼을 때, 어떻게든 경유비를 안 내겠다는 손님에게는 이렇게 말할 수 있어야 한다.

"손님, 경유비는 정당한 비용을 받는 겁니다. 만약 경유비를 안 내시겠다면 저는 운행을 포기하겠습니다."

물론 이렇게까지 해야 하는 경우는 드물다. 내가 하고 싶은 이야기는 경유비는 손님에게 당당하게 요구해야 한다는 점이다. 경유비를 내라는 이야기를 하면서 우물쭈물하게 되면 손님은 절대 경유비를 내려고 하지 않는다. 경유비를 받고 못 받고는 손님과의 심리전이다. 이 심리전에서 감정을 섞어서 이야기하면 안 된다. 속으로는 천불이 나더라도 – 솔직히 정당한 비용을 지불하지 않으려는 손님에게는 엄청 화가 난다 – 겉으로는 미소를 보이며 말을 하는 게 좋다. 대리기사가 화를 내면 손님도 같이 화를 내게 되고 곧 싸움으로 이어지게 된다. 아무튼 손님과 싸우면 대리기사는 손해다.

1. 출발지에서 손님이 두 명 이상일 때는 '경유가 발생하겠구나.'라는 판단을 빨리한다.

2. 가는 길에 잠깐 내려주면 된다는 말을 절대 믿으면 안 된다

3. 경유비는 정당한 비용을 받는 거라는 생각을 가져야 한다.

4. 끝까지 경유비를 내지 않겠다는 손님이라면 공손하게 이야기하고 운행을 포기한다.

5. 경유비는 한 건으로 봐서는 적은 금액이지만 한 달로 봤을 때는 결코 적은 금액이 아니다. 쉽게 포기할 수 있는 금액이 아니다.

대리비를 안 내는 손님

어느 날 여자 손님을 태우고 기분 좋게 운행을 하고 있었다. 키도 크고

늘씬한 외모의 여성이었다. 원래 손님과 절대 시비를 벌이지 않는 나였는데 무엇 때문이었는지 기억이 나지 않지만, 손님과 약간의 언쟁이 있었다. 도착지에 거의 다 왔을 때 손님의 이 말 한마디가 내 가슴에 불을 질렀다. 도착지는 내가 15년 전에 살았던 교동의 ○○○아파트였다.

"정말 기분 나쁘네요. 제가 지금 돈은 있지만, 대리비를 못 주겠어요."

나는 돈이 있는데도 대리비를 주지 못하겠다는 말에 무척 화가 났다.

"아니 뭐라구요. 그럼 파출소로 갑시다."

내가 살던 동네이다 보니 파출소가 어디 있는지도 잘 알고 있었다. 하지만 정말 파출소로 가겠다는 말이 아니라 파출소로 가겠다고 하면 바로 대리비를 줄 거로 생각했다. 하지만 나의 예상은 빗나갔다.

"잘됐네. 파출소로 갑시다."

결국 파출소까지 갔다. 그녀는 가지고 있는 돈이 없다며 나중에 나에게 송금해주겠다고 했다. 경찰이 앞에 있는 편의점에서 돈을 찾아서 주라고 하자 처음에는 망설이더니 못 이기는 척 돈을 찾아서 나에게 주었다. 내가 받은 대리비는 1만 2천원이었다. 대리비를 받으면서 정말 황당했다.

'처음부터 쉽게 줄 수 있는걸. 이렇게 고생시키다니.'

수수료를 제하고 내가 번 돈은 1만 원이다. 1만 원을 벌기 위해 그녀와 다투고 파출소까지 가서 언성을 높였다. 그녀에게 대리비를 받기까지 1시간 이상을 지체해야만 했다. 솔직히 파출소까지 가느니 오히려 대리비를 안 받고 그냥 가는 게 나을 뻔했다.

하지만 시간이 문제가 아니다. 시간이 지체되고 마이너스가 되는 한이 있더라도 받을 돈은 정당하게 요구하고 받아야 한다.

별로 술에 많이 취한 상태가 아닌데 기분이 나쁘다고 대리비를 주지 못하겠다는 손님을 만나 무척 황당하고 화가 났었다. 이럴 때는 바로 손님의 집이 아닌 파출소로 가야 한다. 집으로 가면 대리비를 안 내고 그냥 집으로 들어가 버릴 수 있기 때문이다. 이럴 경우 대리비를 받아내기 위해 다음날 경찰서에 가서 신고를 해야 하고 절차가 복잡해진다. 그래서 바로 파출소로 가는 게 좋다.

1. 대리비를 못 내겠다고 하는 손님이 있을 때 운행 중이라면 그대로 파출소로 향한다.
2. 운행을 마치고 주차를 한 상황이면 역시 경찰을 불러야 한다.
3. 경찰을 부르고 시간이 지체되어 오히려 마이너스가 되더라도 받아야 할 돈은 마땅히 받아야 한다.

술 취한 여자 손님

권선시장에서 광교○○아파트까지 2만 원짜리 콜이 뜬다. 바로 코앞에서 광교까지 2만 원짜리 콜이 뜨다니 꿀 콜이다. 재빨리 콜을 잡고 손님에게 전화를 걸었다.

"안녕하세요? 대리기사입니다. 권선시장 어디로 갈까요?"

권선시장 2층 주차장으로 오란다. 앳된 목소리가 젊은 아가씨였다. 주차장 안쪽에 손님의 차가 있었다. 나는 차를 보고 흠칫 놀랐다.

'분명 젊은 아가씨였는데 차가 볼보 SUV라니. 그것도 제법 비싼 모델이다.'

차 안에는 얼굴에 귀티가 흐르고 마치 인형처럼 하얀 피부를 가진 젊은 여성이 타고 있다. 가수 아이유를 닮은 것 같다.

"안녕하세요? 광교ㅇㅇ아파트로 모시면 되나요?"

"네, 광교 웰빙타운ㅇㅇ아파트여."

그 말을 듣는 순간 뭔가 잘못됐음을 직감하였다. 광교 웰빙타운ㅇㅇ아파트는 시내 쪽에서 8차선 대로변을 건너서 가야 하는 오지이다. 그러니까 금요일 이 시간에 거기에 가는 건 망한 거다. 거길 가면 콜이 없어서 전동휠을 타고 광교 롯데몰까지 나와야 한다. 8차선 대로변을 건너 광교 롯데몰로 오는 중간에 콜을 잡을 수 있으면 그나마 다행이지만 그도 아니면 매탄동까지 10분 이상을 더 달려야 한다.

정말 얄밉게도 대리회사에서 '광교 웰빙타운ㅇㅇ아파트'라고 하면 대리기사들이 오지라서 콜을 잡지 않으니까 '웰빙타운'이라는 말을 살짝 빼고 광교ㅇㅇ아파트라고 표기하는 것이다. 일종의 사기인 셈이다. 한두 번 당한 게 아니다. 시내에서 광교ㅇㅇ아파트는 원래 1만 5천원에 가는 곳인데 2만 원이면 한 번쯤 의심을 해봐야 했는데 또 당하고 말다니…….

대리회사에 당했다는 생각을 버리고, 가수 아이유를 손님으로 태운다는 마음으로 차의 시동을 걸었다. 볼보의 엔진소리는 웅장한 오케스트라

소리처럼 들려온다. 출발하자마자 멀쩡했던 손님이 옆자리에서 벌목이 된 나무처럼 쓰러져 잠이 들었다. 이 정도면 도착해서도 못 일어나겠다는 걱정이 되었지만 이렇게 젊고 이쁜 아가씨가 설마 술 취해서 못 일어나겠는가 하는 마음으로 계속 차를 몰았다.

광교 웰빙타운ㅇㅇ아파트에 도착했다. 말이 아파트지 층수가 5층밖에 안 되는 고급빌라 같은 곳이다. 입구를 들어가서 차를 세우고 바로 옆좌석에 앉은 아가씨를 보았다. 몇 번이나 어깨를 흔들며 깨워 보았지만, 미동도 하지 않는다. 여기서 더 흔들어 깨울 수는 없다. 할 수 없이 112에 전화를 걸어서 사정을 이야기했다. 나는 경찰이 올 때까지 경비실에서 기다리기로 하고 걸음을 옮겼다. 혹시라도 모를 일에 대비하기 위해 차 안에 있는 게 아니라 경찰이 올 때까지 경비실에 가 있는 것이다.

"안녕하세요? 저 대리기사인데요. 아가씨가 너무 취해서 깨워도 안 일어나서요. 경찰이 오는 동안에 잠시만 여기에 있어도 되겠습니까?"

경비아저씨가 기분 좋게 안으로 들어오라고 한다.

"혹시 차가 볼보 아니에요?"

경비아저씨가 묻는다.

'아니 볼보인 걸 어떻게 아시지?' 나는 그렇다고 대답했다.

"아이고, 그 아가씨 엊그제도 술이 잔뜩 취해서 들어와서 그때도 그랬어."

엊그제도 이런 일이 있었다는 경비아저씨의 말에 놀라웠다.

경찰은 한참이 지나서야 왔다. 손님이 있는 차로 가서 아가씨를 깨우는

데 경찰이 갑자기 검은 장갑을 끼는 게 아닌가. 이런 상황에 무슨 장갑을 끼는 건가 하고 의아하게 생각하고 있는데 장갑을 낀 손으로 아가씨를 흔들어 깨운다.

'세상 참, 장갑을 낀 채로 아가씨를 흔들어 깨워야 하다니'.

신기하게도 내가 그렇게 어깨를 잡고 흔들어도 일어나지 않던 아가씨가 경찰이 한두 번 어깨를 흔들자 놀란 아기처럼 금방 잠에서 깨어나서 말했다. 경찰복의 힘이려나.

"아, 근데 경찰이 왜 왔어요?"

자신이 술에 취해 기절하다시피 잠들어 있었다는 사실을 전혀 모르는 것 같았다. 경찰이 몇 동, 몇 호인지를 묻고 바로 돌아가려고 하길래 경찰을 붙잡고 말했다.

"이왕 여기까지 와 주셨는데 이분을 집까지 좀 바래다주셨으면 좋겠습니다."

전동휠을 타고 드르륵 주차장 입구를 빠져나왔다. 밤하늘을 바라보았다. 오늘따라 별빛이 아름답게 밤하늘을 수놓고 있다. 별들이 나에게 말을 거는 것 같다.

"또 어디로 갈 거니?"

술 취한 여자 손님 때문에 경찰을 부르고 일도 제대로 하지 못했던 이야기를 해보았다. 이런 경우 상당히 조심해야만 한다. 특히 여자 손님을 혼자 태웠을 때 더욱 조심할 필요가 있다. 직접 당해보지는 않았지만 이런 이야기를 들은 적이 있다.

사례 1 : 멀쩡하게 운행을 하고 주차까지 잘하고 일을 마쳤는데 다음 날 경찰서에서 전화가 온다. 경찰서에 가보니 어제 태웠던 여자 손님이 대리기사인 자신을 성추행범으로 고소를 한 것이다. 억울하고 분통해서 경찰에게 하소연해 보았지만, 소용이 없다. 결국 그 여자 손님을 만나서 수백만 원 합의금을 주고 나서야 문제를 해결할 수 있었다.

사례 2 : 출발지에서 여자 손님을 태우고 막 출발해서 가고 있는데 갑자기 옆에 탔던 여자 손님이 핸들을 꺾어서 중앙분리대를 들이받았다. 경찰이 와서 조사를 하는데 여자 손님 왈,

"대리기사가 갑자기 내 다리를 더듬어서 놀라서 방어하려다가 사고가 났습니다."

대리기사는 절대 아니라고 항변을 해보았지만, 소용이 없었다. 결국 차량수리비와 수백만 원의 합의금을 그녀에게 지불해야만 했다.

너무 좋지 않은 사례를 말하려니 나도 마음이 편하지 않다. 하지만 실제로 있었던 일이다. 이거보다 더 많은 사례가 있다고 들었다. 나는 이 말을 들은 이후에 여자 손님을 혼자 태울 때는 손님의 상태를 봐서 휴대폰 녹음을 하면서 운행을 한 적도 있다. 뭐 그렇게까지 해야 하는가 하고 말할 수도 있겠지만 나를 지키기 위해서는 어쩔 수 없는 행동이었다.

1. 술에 취한 여자 손님을 혼자 태울 때는 자신의 판단 아래 필요하다고 생각되면 휴대폰 녹음 기능을 켜놓고 운행하는 것도 하나의 방법이다.

2. 도착지에서 여자 손님을 심하게 흔들어 깨우면 안 된다. 계속 일어나지 않을 때는 경찰을 불러야 한다.

3. 너무 만취한 여자 손님은 출발지에서 콜을 뺄 수도 있다.

대신 주차하겠다는 손님

어느 날 안양에서 콜을 잡고 손님에게 전화를 걸었다. 전화를 걸 때부터 혀가 꼬부라진 목소리라 이걸 가야 하나 말아야 하나 고민했었다. 여기가 수원이라면 이런 사람은 콜을 취소하고 싶었다. 아니나 다를까 출발지에 도착해보니 얼큰하게 취한 손님이 차 옆에서 비틀거리며 나를 기다리고 있었다.

"안녕하세요? 대리기사입니다. 이 차인가요?"

제네시스 G80 검은색이다. 게슴츠레한 눈빛으로 나를 쳐다보며 차 키를 건네준다.

"야, 이놈의 자식. 왜 이제 왔어? 왜 이렇게 늦은 거야."

전화를 걸고 5분 만에 도착했는데 늦게 왔다니 말이 되는가. 이제는 이 정도 불평이나 욕은 노랫소리처럼 들린다. 시동을 걸고 출발을 하려는데 뭔지 알아들을 수 없는 소리로 혼자 중얼거린다. 하필이면 뒷좌석이 아닌 옆자리에 앉아서 귀가 따갑게 혼자 중얼거림을 시작하다. 어느새 자는 듯하다가 갑자기 깨어나서 삿대질하면서 이번에는 영어로 이야기한다. 내가 알아들을 수 있는 소리를 하는 걸 보면 별거 아닌 영어다. 그리고는 갑자기 내 쪽으로 몸을 돌리더니 얼굴을 들이대며 성난 목소리로 이야기한다.

"이놈의 자식. 너 지금 내가 뭐라고 그랬어?"

무슨 말을 했는지 알아듣지도 못했다. 그런데 자신이 무슨 이야기를 했는지 왜 나에게 묻는단 말인가. 나는 당황해서 그저 "네."라고만 했다.

"뭐가 네야, 이 자식아. 내가 뭐라고 했냐고?"

계속해서 그저 "네, 네." 하는 수밖에 별다른 도리가 없었다. 이번에는 집안 얘기며, 회사 이야기를 늘어놓는다. 마치 자기 앞에 앉은 사람에게 이야기하는 것처럼 중얼거린다. 그리고 잠잠한 듯하다가 부드득 부드득 이빨을 갈기도 한다. 이빨을 가는 소리가 얼마나 큰지 온몸에 소름이 돋을 지경이다. 도착지에 도착해서 지하 주차장으로 들어가 주차를 하려고 하는 찰나였다.

"이놈의 새끼야. 널 어떻게 믿냐? 주차는 내가 하니까. 넌 그냥 내려. 인마."

주차를 자기가 한다니 고마웠다. 전동휠을 타고 가려는 순간 문득 이런 생각이 들었다.

'이놈이 주차하는 걸 동영상으로 촬영하고 경찰을 부르자. 이런 놈은 혼 좀 나 봐야 해.'

나는 심한 욕을 먹고 무시당한 거에 대한 보복을 하고 싶었다. 주차장 기둥 뒤에 숨어서 차를 주차하는 모습을 촬영했다. 촬영된 시간은 불과 1분 30초이지만 술에 취해 직접 운전을 했다는 증거로 충분했다. 경찰에 신고하려고 휴대폰을 들었지만 차마 휴대폰 버튼을 누를 수는 없었다. 아무리 그래도 손님인데 그것도 안양에서 수원까지 나를 데려다준 고마운 사람인데 내가 어찌 신고할 수 있단 말인가. 짧은 순간 할까 말까 여러 번을 망설였지만 나는 결국 신고하지 않았다. 그게 도리인 거 같았다.

가끔 뉴스에도 나오는 내용을 내가 겪은 것이다. 대리기사가 주차장 입구에서 내리고 손님이 주차를 하기 위해 운전하고 가는 차를 음주운전으로 신고하는 것이다. 연예인일 경우에는 가십거리가 되기도 한다. 나는 이런 뉴스를 접할 때마다 대리기사로서 부끄러움을 느낀다. 물론 손님을 음주운전으로 신고할 정도면 대리기사에게도 그럴만한 이유가 있을 것이다. 아무리 그래도 자신이 모셨던 손님을 음주운전으로 신고를 하는 게 과연 옳은 일인가? 한 번쯤 생각해 볼 일이다.

1. 대신 주차해주는 손님을 신고한다는 건 옳은 일이 아니다.

2. 신고하고 싶을 만큼 화가 나더라도 한 번쯤 더 생각해보자. 시간이 지나고 화가 풀리고 나면 아무 일도 아니다.

대리운전을 막 시작하고 2인 1조로 할 때 오산에서 있었던 일이다. 콜을 잡고 손님이 있는 곳에 도착해서 전화를 했다. 한 번, 두 번 전화했는데도 전화를 받지 않는다. 뒤차에게 손님이 전화를 받지 않는다고 하자 자신이 전화를 걸었다. 역시 전화를 받지 않는다. 뒤차가 계속해서 두 번, 세 번 더 전화를 했지만 역시 손님은 전화를 받지 않는다.

"무슨 일이에요?"

이게 도대체 어떤 상황인지 전혀 알 수 없는 나는 뒤차에게 물었다. 뒤차는 서글픈 표정으로 말했다.

"이건 말예요. 손님이 두 개, 세 개 대리회사에 전화해서 우리보다 먼저 온 대리기사가 손님 차를 운전해서 간 거예요."

나는 그 말을 듣는 순간 귀를 의심할 수밖에 없었다. 아니 그럼 죽을 둥 살 둥 달려온 우리는 무엇이란 말인가. 여기까지 달려온 시간은 무엇으로 보상받고, 오지인 이곳에서 우리는 어떻게 콜을 잡고 살아서 나간다는 말인가.

"아니 이게 말이 되는 소리예요. 우리는 어떻게 하란 말인가요? 그런 나쁜 놈이 세상에 어디 있어요."

나는 울분을 토해냈지만, 어디에도 하소연할 곳이 없었다. 뒤차는 그저 고개를 푹 숙이고 있을 뿐이다.

대리기사 일을 시작하고 나에게 큰 절망감을 안겨주었던 것 중의 한 가지가 '손님이 두 세 군데 대리회사에 전화해서 그중에서 제일 먼저 오는 대리기사를 선택해서 가는 것'이었다. 처음에 이런 일을 겪었을 때 정말 황당하고 어이가 없었다.

'배가 고프다고 짜장면을 두세 군데 중국집에 시켜서 가장 먼저 온 짜장 면을 먹고 나머지는 되돌려 보낸다. 과연 이런 일이 있을 수 있는 일이란 말인가? 짜장면을 그렇게 시켜 먹는 사람은 세상에 없을 것이다. 그럼 대리기사는 짜장면보다 못하단 말인가?'

손님이 좀 더 일찍 귀가하고 싶은 욕심에 대리회사 여러 군데에 전화를 하는 것이다. 이런 경우는 많지 않지만, 종종 있는 일이다. 불편한 진실이 지만 이럴 때 대리기사는 어디에 하소연하고 불평 한마디 할 곳이 없다. 화를 가라앉히고 그저 묵묵히 다음 콜을 잡는 게 최선이다. 나는 처음에 이런 일을 겪고 너무 화가 나서 나를 버리고 다른 대리기사와 가는 차를 붙잡으려고 뛰어갔다. 차를 놓치고는 도망치듯 가는 차의 뒤꽁무니를 멍하니 쳐다보면서 홀로 울분을 토하며 욕을 한 적도 있다.

제도적으로 이런 손님에게 패널티를 주는 방법이 있지 않을까 생각을 해보았지만 이 또한 대리기사가 할 수 있는 일이 아니다.

1. 먼저 온 다른 대리기사와 가는 손님을 막을 방법은 없다. 현실적으로 안타까운 일이다.

2. 이런 일을 당하지 않으려면 콜을 잡고 신속하게 이동하는 수밖에 없다.

3. 이런 경우 화를 내거나 욕을 하는 것보다 빨리 잊어버리고 다음 콜을 잡는 게 최선이다.

03 사고를 안 나게 하는 노하우

딴생각을 하지 마라

천천히 액셀러레이터를 밟고 출발했다. 오늘은 일진이 좋은 날이구나. 원래 콜이 없는 곳인데 수지 상현동에 왔다가 바로 수원으로 들어가는 콜을 잡았다. 이런 식이면 오늘 수입은 10만 원이 훌쩍 넘겠다는 생각을 하니 절로 웃음이 나온다. 잘 길들여진 말을 타듯 기분 좋게 달렸다. 운전을 하는데 카톡 문자 하나가 뜬다. 내비게이션 화면을 가리는 카톡 문자를 삭제하려고 보니 별거 중인 아내가 보낸 문자였다.

'야, 니가 인간이냐. 모른 척하면 다야. 애들 학비가 천만 원이야. 빨리

돈 보내.'

변하지 않는 레퍼토리다. 하루살이로 근근이 벌어서 먹고사는 나에게 무슨 수로 천만 원을 내라는 말인가. 일을 하다가 새벽 1시에 배가 고파도 편의점에 들러 천 원짜리 에너지바를 사 먹을까, 말까 고민하는 사람에게 애들 학비로 천만 원을 내라니 너무 가혹하다.

아내의 카톡 문자를 받고 이런저런 생각으로 머릿속이 복잡해졌다. 하필이면 대리운전을 하고 있는데 이런 문자를 보낸단 말인가. 타이밍도 참 기가 막히다. 다른 어떤 말보다 애들 문제를 걸고 나오면 내가 괴로워한다는 걸 알고 일부러 아픈 곳에 계속 발길질을 해대는 것이다.

그런데 룸미러를 보니 뒤에서 오는 차가 마치 싸움을 거는 성난 개처럼 계속해서 쌍라이트를 켜댄다. 이상하게 내가 운전하는 차를 계속해서 따라오면서 같은 행동을 멈추지 않는다.

'별놈을 다 보겠네. 정말 성질 더러운 놈이구면.'

무시하고 계속 달리고 있는데 이번에는 뒤차가 내 옆으로 다가와서 차창을 열고 뭐라고 떠들어 댄다. 나는 오늘 기분도 나쁘고, 누구랑 싸우고 싶지 않은데 계속 시비를 건다. 도무지 왜 저런 행동을 하는지 이해할 수가 없다. 하필이면 내 차를 운전하는 것도 아니고 대리운전하고 있는데 왜 자꾸 시비를 건단 말인가. 몇 번인가를 더 내 차 옆으로 와서 뭐라고 큰소리를 외치더니 급기야 쌩하고 달려와서 8차선 대로변에서 차 앞을 가로막아서 나를 놀라게 한다. 나도 차를 세울 수밖에 없었다.

'차 앞을 가로막고 세우기까지 하다니 난폭운전으로 경찰에 신고해야겠네.'

오히려 잘됐다 싶었다.

"이것보슈. 남의 차를 들이받고 그냥 가면 어떡해요?"

나는 놀란 표정으로 상대의 얼굴을 쳐다보았다. 마른 체형에 50대 후반쯤으로 보이는 남자였다. 내가 남의 차를 들이받다니 도무지 말도 안 되는 소리를 하고 있다.

"당신 대리기사죠. 나도 대리기사인데 차에서 내려서 여길 봐요. 차를 이렇게 긁어 놓고 그냥 가면 어떡해요!"

놀란 것은 차에 타고 있던 손님도 마찬가지였다. 손님도 역시 남의 차를 긁고 갔다는 것을 믿을 수 없다는 표정으로 오히려 화를 내며 말했다.

"아니 무슨 말이오. 그냥 잘 달렸는데 언제 당신 차를 들이받았단 말이오."

나는 차에서 내려 앞을 가로막고 있는 차의 상태를 살펴보았다. 상대의 말 그대로 앞문과 뒷문이 길게 긁히고 패어 있었다. 내가 운전하는 차의 범퍼는 상대차의 긁힌 곳에 맞는 위치에 움푹 패어 있었다. 상대의 차는 검은색 K7이었다. 이 정도면 내가 상대의 차를 들이받은 것은 움직일 수 없는 기정사실이었다.

차주의 얘기로는 차를 뽑은 지 한 달도 안 된 새 차라고 했다. 참으로 점잖은 사람이다. 자신의 금쪽같은 새 차가 이렇게 심하게 긁혔는데 마치 남의 차가 그런 것처럼 찬찬히 얘기했다.

그제야 나는 앞뒤 정황을 파악할 수 있었다. 아내가 보낸 카톡 문자 때문에 이런저런 생각을 하다가 옆에 달리는 차를 들이받고는 전혀 알지 못하고 그냥 달려간 것이다. 피해차량에서 보기에는 내가 도주차량이 된 것이다. 상황을 정확히 알게 된 나는 길고 큰 한숨이 튀어 나왔다. 보험사에 전화해서 양쪽 차를 모두 보험으로 처리하기로 했다. 상대차에 보험으로 처리하는 것을 확인시켜 주고 접수번호를 알려주었다. 오늘 일진이 좋은 날이라고 생각했는데 사고가 나서 일도 하지 못하게 되었다.

사고가 나는 가장 큰 원인 중의 하나가 운전 중에 딴생각하는 것이다. 대리운전은 자신의 차를 운전하는 게 아니라 남의 차를 운전하는 것이기 때문에 항상 주의가 필요하다. 사고를 내게 되면 사고처리를 하는 과정에 일을 못 하게 되기도 하지만 며칠 간은 사고에 대한 부담을 갖고 운전을 하게 된다. 보험처리를 하게 되면 자기 분담금 30만 원을 내야 하고, 1년에 두 번 이상 사고를 내면 보험 가입이 안 돼 자칫 대리운전을 할 수 없게 될 수도 있기 때문이다.

그 후로 나는 대리운전을 시작하기 전에 이런 문구를 여러 번 외치고 나서 일을 시작했다. '정신일도 하사불성(精神一到 何事不成), 정신을 집중하면 못해낼 일이 없다.'를 내가 직접 바꾸어 만든 문구이다.
'정신일도 무사고(精神一到 無事故), 정신을 집중하면 사고가 나지 않는다.'

1. 대리운전하면서 딴생각하지 않고 운전에 몰두하는 게 중요하다.

2. 근심 · 걱정은 잠시 집에 내려두고 일을 시작하자.

3. 대리운전은 자신의 차가 아닌 남의 차를 운전하는 일이라는 점을 명심하자.

4. '정신일도 무사고(情神一到 無事故)'를 세 번 외치고 일을 시작하자.

출발할 때와 주차할 때 주의하기

대리운전을 하다 보면 출발할 때와 주차할 때 사고가 많이 일어난다. 출발지에서 손님 차로 갈 때 차량 주변을 살펴보는 게 좋다. 특이한 사항은 없는지, 출발하는 데 차량에 장애물은 없는지 확인하는 것이다. 눈에 띄는 큰 장애물은 누구든 주의를 기울이기 마련이지만 눈에 잘 띄지 않는 작은 장애물이 없는지 잘 살펴봐야 한다.

어두운 밤에 운전을 하다 보니 출발할 때 옆에 차가 있는 것을 모르고 핸들을 한 번에 확 꺾다가 사고를 내는 경우도 종종 있다. 도착지에서도 주차할 때 뒤쪽도 신경 써야 하지만 앞이나 옆에 기둥 같은 게 없는지도 확인하면서 주차한다.

출발하면서 문짝을 긁는 사고

밤 10시가 넘어서 고색동에 있는 카센터에서 출발하는 콜을 잡았다. 고색동에 들어가면 보통 빈 차로 – 콜을 못 잡고 시내로 나옴 – 나와야 하는데 그날따라 콜을 잡을 수 있었다. 신나게 달려서 출발지에 가보니 도로변에서 한참 들어간 외진 곳이었다.

도착해보니 카센터 사무실에서 동료들과 술을 한잔하고 집으로 가는 수리기사였다. 차량은 은색 투싼이었다. 키를 받아들고 손님과 함께 차에 타고 시동을 걸었다. 액셀러레이터를 밟고 기분 좋게 출발하려는 순간 우지끈하는 소리에 깜짝 놀랐다. 얼른 차에서 내려 소리가 나는 곳을 확인해보았다.

차를 주차해 놓은 조수석 바로 옆에 쇠기둥이 떡하니 버티고 있었다. 쇠기둥은 일종의 주차라인이었다. 밤이라 어둡고 가로등 같은 게 없다 보니 전혀 쇠기둥을 보지 못했고, 핸들을 우측으로 확 꺾어서 나가려다 보니 조수석 문짝이 우지끈 소리를 내며 움푹 들어가고 만 것이었다. 시내였으면 주변이 어느 정도 밝아서 쇠기둥이 있는 걸 보는 게 충분히 가능했을 것이다. 하지만 외진 곳이고, 불빛이 전혀 없는 곳이다 보니 쇠기둥을 미처 확인하지 못하고 사고를 내고 만 것이었다.

주차하면서 쇠기둥을 박다

나이트클럽 주차장에서 일어난 사고도 마찬가지였다. 나이트클럽에 가는 두 명의 남자 손님을 태웠었다. 손님은 나이트클럽에 간다고 약간 흥분된 모습이었다. 나이트클럽 주차장에 도착해서 주차원의 지시대로 후진해서 주차하려는데 한 번에 되지 않았다. 그래서 한 번 더 앞으로 갔다가 다시 후진하려는데 사고가 나고 말았다.

손님 둘은 이미 차에서 내려있었고 뭔가 서두르다 보니 앞쪽에 50센티 정도 되는 쇠기둥이 있는걸 보지 못하고 그대로 박아버렸다. 묵직한 소리가 나서 내려보니 앞 범퍼가 심하게 찌그러져 있었다. 어둡기도 했고, 운전석에서 쇠기둥이 전혀 보이지 않았던 게 문제였다.

1. 대리운전 사고 대부분은 출발할 때와 주차를 할 때 일어난다. 주의가 필요하다.

2. 차에 탑승하기 전에 한 번쯤 주변을 둘러보는 게 좋다.

3. 주차는 서둘러서 하면 안 된다. 주의를 기울이며 천천히 한다.

사고부담금 30만 원

보험을 들고 대리운전을 시작하면서 사고를 냈을 때 자신이 내야 하는 사고부담금 30만 원이 있다는 말을 들은 적이 있다. 말만 들었을 때는 그까짓 사고 안 내면 되고, 사고를 내더라도 30만 원쯤이야 내면 된다고 생각했었다. 하지만 막상 사고를 내고 보니 30만 원은 여간 부담되는 금액이 아니었다. 내가 사고를 내고 보니 보험회사에서 사고부담금을 만든 이유를 알 거 같았다. 보험회사 입장에서 대리기사에게 30만 원이라는 금액을 부담하게 하는 것은 사고유발을 막으려는 장치인 셈이다.

대리운전을 막 시작했을 때는 하루 일을 해서 10만 원을 벌기가 무척 힘들었다. 사고를 내고 부담금 30만 원을 내려면 하루 10만 원을 번다고 해도 3일 동안 꼬박 일해야 낼 수 있는 금액이었다. 사고를 한번 내보니 3일 동안은 사고부담금을 채우고 나면 남는 게 없어 그야말로 일할 맛이 나지 않았다.

자기부담금 30만 원보다 더 큰 문제가 되는 게 있다. 1년에 2회 이상 사고를 내게 되면 대리운전보험을 들 수가 없다. 그건 곧 대리운전을 그만두어야 한다는 뜻이다. 그러니까 사고가 나더라도 무조건 보험처리를 하기보다는 적당한 금액으로 합의를 보고 현금으로 처리하는 게 최선의 방법이다. 물론, 무리하게 합의를 보거나 무조건 현금으로 처리하라는 이야기는 아니다.

보험처리를 하고 나면 사고 차량이 입고된 공업사로부터 며칠 후 30만 원을 입금하라는 전화가 온다. 차량을 수리하기 전에 사고부담금 30만 원이 입금되어야 보험으로 수리가 진행된다.

1. 사고부담금 30만 원이 있다는 사실을 명심하자.

2. 사고가 나면 사고부담금 30만 원은 빨리 잊어버리는 게 좋다. 일에 열중해야 하니까.

3. 사고 차량이 입고된 공업사에서 연락이 오면 사고부담금 30만 원을 송금한다.

4. 대리운전하면서 사고를 내지 않는 기사는 거의 없다. 남의 차를 운전해야 하기 때문이다. 그래서 운전하면서 더욱 주의와 집중이 필요하다.

어느 날 한가롭게 콜을 보고 있는데 권선시장에서 평택 참이슬아파트로 가는 콜이 3만 5천원에 떴다. 다른 기사가 채가기 전에 속사포처럼 손가락을 움직여서 콜을 잡았다. 평택까지는 고속도로로 달리면 40분이면 갈 수 있다. 지금이 9시 30분이니 여기서 손님이 있는 출발지까지 가고, 평택 도착시각을 대략 10시 20분쯤으로 잡으면 된다. 10시 20분이면 평택에서 수원으로 오는 콜을 여유 있게 잡을 수 있다. 나는 휘파람을 불며 권선시장 근처 손님이 있는 횟집으로 향했다. 도착지는 참이슬아파트였다. 콜을 잡으면서 웃음이 나왔다.

'무슨 참이슬아파트가 있단 말인가?'

내가 좋아하는 검은색 그랜저 HG3000이다. 예전 모델이지만 지금 나온 그랜저 신형보다 디자인이나 실내가 여러모로 더 멋있고 좋은 차이다. 다른 대리기사들도 그랜저 HG 모델에 대해 나와 같은 평을 한다.

"참이슬아파트로 모시면 되겠습니까?"

손님에게 키를 받고 시동을 걸었다. 잘 훈련된 말에 올라타 박차를 가하는 듯 액셀러레이터를 밟고 기분 좋게 출발하였다. '참이슬아파트'라고 내비게이션에 물으니 바로 안내를 시작해 준다.

손님과 이런저런 이야기를 하다 보니 어둠이 점점 짙어져 가고 있었다. 고속도로를 시원하게 달리다 보니 마음마저 사이다를 마신 것처럼 시원해지는 것 같다. 예상했던 대로 손님은 조그만 중소기업을 운영하는 사장님이었다. 나이도 40대 중반이었다. 한참을 그렇게 대화를 하면서 가고 있었다.

그런데 손님이 갑자기 창밖을 보면서 불안한 표정을 짓는다. 유리까지 내리고, 주변 풍경을 유심히 살펴보며 걱정스러운 표정으로 말한다.

"아, 이거 길을 잘 못 들은 거 같은데. 내가 아는 길이 아니네."

그때 내 눈에 '시흥 4km'라는 표지판이 보였다. 여기서 4킬로미터를 더 가면 시흥으로 나가는 인터체인지라는 뜻이다. 나는 얼른 손님에게 말했다.

"앞에 4킬미터 후에 시흥으로 나가라는 표지판이 보이는데요."

그 말과 함께 손님의 깊고 큰 한숨이 차 안을 데웠다. 보나 마나 길을 완전히 잘못 들어선 거다.

"아, 우리 집은 평택인데."

나는 지금 평택으로 가야 하는데 시흥 쪽으로 가고 있었던 것이다. 핸들을 잡고 있는 손에 땀이 배어 나오기 시작했다. 결국 시흥으로 나가 다시 평택 쪽으로 차를 돌려야 했다. 여기서부터 평택까지 가려면 수원에서 평택까지 가는 것보다 더 먼 거리를 가야 한다.

"손님, 너무 죄송합니다. 참이슬아파트가 이름이 특이해서 한군데밖에 없다고 생각하고 그만 제가 실수를 하고 말았습니다."

그러니까 내 생각에는 '참이슬아파트'라는 것은 워낙 이름이 특이해서 전국에 한 개밖에 없다고 생각하고 손님에게 제대로 물어보지도 않고 내비게이션의 맨 위에 나오는 참이슬아파트를 눌러버린 것이다.

"할 수 없죠. 그냥 돌아서 갑시다."

대화를 이어가며 화기애애했던 분위기는 돌덩이처럼 무겁게 가라앉았다. 평택 참이슬아파트로 가는 내내 서로 한마디 말도 없이 무겁고 우중충한 분위기였다. 운전하면서 가시방석에 앉은 듯했다. 시흥을 겨우 벗어나 '수원'이라는 고속도로 표지판이 보인다. 얼마나 달렸을까? 평택 참이슬아파트에 도착했다. 시계를 보니 11시 20분이다. 손님에게 차 키를 건네며 말했다.

"죄송합니다. 저 때문에 많이 늦으셨는데 대리비는 받지 않겠습니다."

이렇게 말을 하는데 나도 모르게 뜨거운 뭔가가 뺨을 타고 흘러내리고 있었다. 대리비를 받지 않겠다고 얘기했지만, 진심은 아니었다.

"고생하셨는데 대리비는 받으셔야죠."

손님은 내게 대리비로 4만 원을 건넸다. 받지 않겠다고 말을 하면서도 두 손은 이미 손님이 주는 대리비를 받고 있었다. 거스름돈을 드리기 위해 지갑을 꺼내는데 두 손을 앞으로 내밀며 사양한다. 고장 난 수도처럼 눈물이 펑펑 쏟아져 나왔다. "감사합니다."라는 인사말을 몇 번이나 했다. 11시 30분이 되어가고 있으니 수원 가는 콜을 잡는 것은 어려운 일이다. 하지만 그건 내게 아무런 문제가 아니었다.

앞으로 내게 참이슬은 소주이면서 평택 아파트로 기억될 것이다 초보 시절 가장 큰 실수를 했던 것 중의 하나가 바로 손님을 태우고 출발하면서 "○○아파트로 모시면 됩니까?"라로 묻고 손님이 "네."라고 대답하면 그걸 믿고 바로 그곳으로 달려간 것이다. 예를 들어 수원에 있는 푸르지오아파트라고 하면 수원역 푸르지오가 있고 멀지 않은 곳에 화서동 푸르지오가 있다. 물론 정확히 이야기하면 '수원역 푸르지오자이'가 되고, '화서역 파크푸르지오'가 된다.

하지만 대리회사에서 콜에 표기할 때나 손님이 자신의 아파트를 이야기할 때도 그냥 '푸르지오아파트'라고 하는 경우가 대부분이다. 여기에 하나 더 수원역 바로 건너편에 '대한대우 푸르지오'가 있다. 실제로 근처에 있는 '푸르지오' 아파트가 세 개나 되는 것이다.

콜을 잡고 갈 때 수원역 푸르지오자이를 가야 하는데 화서동 파크푸르지오를 가거나 대한대우 푸르지오를 가는 경우가 종종 있다. 나는 그걸 알면서도 몇 번이나 같은 실수를 한 적이 있다. 손님이야 다시 자신의 집으로 조금 돌아가면 그만이다. 집에 좀 늦게 도착한다고 문제가 될 건 없다. 하지만 대리기사 입장에서는 그런 경우 콜 하나를 놓치는 거와 마찬가지가 된다. 가끔 성질 있는 손님을 만나면 "왜 엉뚱한 곳으로 왔냐?"며 욕을 바가지로 먹기도 한다. 그러니까 출발지에서 손님에게 '푸르지오로 갈까요?'가 아니라 '수원역 푸르지오로 갈까요?'라고 정확히 물어봐야 한다. 물론 좀 귀찮더라도 '수원역 푸르지오자이'라고 물으면 좀 더 정확할 것이다. 하지만 그렇게 묻는 대리기사나 그렇게 답하는 손님은 어디에도 없다. 별나라에나 있을까.

1. 출발지에서 손님의 도착지를 한 번 더 묻고 확인하다.

2. ○○아파트인지 묻는 게 아니라 ○○동 ○○ 아파트인지 묻는다.

3. 술에 취한 손님일 경우 좀 더 확실하게 물어본다.

내비게이션에 집중

대리운전을 막 시작하고 2인 1조로 일을 했을 때의 이야기이다. 동탄 쪽에서 콜을 잡고 출발지에 도착해서 손님에게 전화를 걸고 가보니 하얀색 SUV 벤츠에 두 명의 여성이 술에 취해 이미 자고 있었다. 짧은 치마나 옷차림과 생김새를 보아하니 '술집 아가씨인가?'라는 생각이 들었지만 이내 쓸데없는 생각은 안 하는 게 좋다며 나 자신을 타일렀다.

"안녕하세요? 권선동 ○○아파트로 모실까요?"

대답 대신 한 명이 그대로 눈을 감은 채로 출발하라고 손짓을 한다. 기분 좋게 운전대를 잡고 차를 움직이는데 야릇한 향기가 코를 찌른다. 두 여인의 향수 냄새에 가슴이 물레방아처럼 콩닥거린다.

내비게이션이 시키는 대로 동탄에서 수원 가는 고속도로를 타고 달렸다. 그런데 수원인 좌측 방향으로 갔어야 했는데 서울 쪽으로 우회전을 하고 말았다. 순간 길을 제때 알려주지 않은 내비게이션을 원망해보았지만 소용없는 일이었다. 서울까지 가서 다시 돌아와야 하는 사고를 치고 만 것이다.

'죄송합니다. 제가 대리운전을 시작한 지 얼마 되지 않아서 실수하고 말 았네요.'라고 손님에게 이야기하려고 뒤를 돌아보니 두 사람 모두 아직 세상모르고 자고 있었다.

'손님도 손님이지만 뒤차에 미안해서 어쩌나. 얼마나 욕을 해대고 있을 까?'

거기까지 생각이 미치자 차에 에어컨이 빵빵하게 돌아가고 있었지만, 몸에서 식은땀이 났다. 앉은 자리는 바늘방석 같았다. 그나마 다행인 것 은 계속 뒤쪽의 손님 두 사람이 죽은 듯이 자고 있다는 것이다.

한 시간을 돌고 돌아서 겨우 권선동 ○○아파트에 도착하였다. 집에 도 착하고도 손님 둘은 모두 정신없이 자고 있다. 큰 소리로 집에 도착했다 고 이야기하니 그제야 송충이가 꿈틀거리듯 일어난다.

'1시간을 늦게 왔으니 아무래도 대리비를 받는 것은 글러 먹었다.'

주차하고 자포자기하는 마음으로 차 키를 손님에게 건넸다. 너무 늦게 도착한 미안한 마음에 나도 모르게 고개가 절로 숙여졌다.

손님에게 '1시간이나 늦게 도착해서 정말 죄송합니다. 대리비는 받지 않겠습니다.'라고 말을 하려는 순간, "대리비는 얼마죠?"라고 묻는다.

대리비를 받을 수 있다는 반가운 마음에 얼른 대답하였다.

"네, 3만 원입니다."

3만 원을 받고 뒤차로 갔다. 단단히 욕먹을 각오를 하고 뒤차에 갔는데 아무 말이 없다. 고요함이 나를 더욱 불안하게 만들었다. 다음 콜을 잡기 위해 뒤차는 그냥 내 휴대폰을 받아 들었다. 내비게이션을 제대로 못 보고 수원을 지나쳐가서 일어난 해프닝이었다.

내비게이션 보는 법을 알아야 한다. 이게 도대체 무슨 말인가. 내비게이션을 보는 법을 모르는 사람이 있단 말인가. 앞에서도 이야기했지만, 대리운전은 남의 차를 운전하는 일이다. 자신의 차가 아닌 남의 차를 운전하다 보니 내비게이션을 좀 더 집중해서 보라는 이야기이다. 대리운전을 오래 하고 능숙하다면 별로 상관이 없지만, 초보 시절에는 내비게이션 보는 걸 신경 써야 한다. 특히 고속도로에 진입했을 때는 나처럼 목적지로 나가는 인터체인지를 놓치면 큰 낭패를 보게 된다. 티맵과 카카오내비 – 그 외에 여러 가지의 내비게이션이 있다 – 도 각각 분위기가 다르므로 그 내비게이션의 분위기를 익힐 때까지 좀 더 집중해서 볼 필요가 있다. 대리운전은 남의 차를 운전하는 것이다 보니 더욱 내비게이션을 집중해서 볼 필요가 있다. 특히 초보 대리기사는……

1. 내비게이션 보는 법을 숙지한다는 것은 딱히 다른 방법이 있는 건 아니다. 집중해서 보라는 이야기이다. 특히 초보 시절에 해당하는 이야기이다.

2. 고속도로에서는 좀 더 주의를 요한다. 목적지의 인터체인지를 지나쳐버리면 큰 낭패를 보게 된다.

3. 특히 주의를 요하는 부분은 우회전한 후 100미터 내에서 바로 좌회전을 하는 경우이다. 우회전을 한 후 좌회전 차선이 아닌 다른 차선에 있으면 자칫 직진해서 길을 잘못 들어가는 수가 있다. 반대의 경우에도 마찬가지이다.

사고 났을 때 대처법

사고 났을 때 대처방법은 일반 차량과 다를 게 없다. 다른 게 있다면 보험회사에서 사고가 났던 당시 운행했던 내역을 원한다. 그러니까 운행을 했던 콜의 화면을 휴대폰에서 캡처해서 보험회사에 보내 주면 된다. 휴대폰 화면을 캡처하는 방법은 휴대폰의 좌, 우에 있는 버튼을 동시에 누르거나 화면 위에 손을 대고 밀어주는 방법이 있다. 그리고 보험처리를 한 후 4일 정도 후에 차를 입고시킨 공업사에서 사고부담금 30만 원을 송금해 달라는 전화가 온다. 알려주는 계좌로 송금을 해야 보험으로 차량수리를 시작한다.

사고가 났을 때는 일단 손님에게 보험처리를 하겠다고 말을 해서 안심시키는 게 중요하다. 대리운전하다가 사고가 나면 대리기사뿐만 아니라 손님도 당황하기 마련이다.

1. 손님에게 보험처리를 하겠다는 말을 하고 안심시켜준다.
2. 자신의 대리보험회사에 전화해서 사고접수를 한다.

3. 손님이나 피해차량과 절대 말다툼을 하거나 싸울 필요가 없다.

4. 보험회사에서 알려주는 접수번호를 메모한다. 사실은 휴대폰 문자로 보내 주기 때문에 특별히 기억하거나 메모할 일도 없다.

5. 사고처리를 한 후 4일 정도 지나면 사고 차량이 입고된 공업사에서 사고부담금 30만 원을 입금하라는 전화가 온다. 30만 원을 송금해야 보험으로 차량수리가 진행된다.

일하기 전에 휴식

일하러 나가기 전에 잠깐이라도 휴식을 취하고 나가는 게 중요하다. 휴식을 취하고 나갈 상황이 아니라면 어쩔 수 없지만 가능하면 의자를 뒤로 젖히고 편안한 자세로 적당한 휴식을 하는 게 좋다. 그러니까 일을 하러 나가기 전에 단 10분 만이라도 일부러 짬을 내서 휴식을 취하는 습관을 갖는다. 잠깐이라도 휴식을 취하고 일을 하는 것과 그렇지 않은 것과는 정신적으로나 육체적으로 상당한 차이가 있다. 휴식을 취했을 때 편한 몸과 마음으로 무탈하게 일을 할 수 있다.

홀로서기를 하고, 처음에 일을 시작할 때 1년여 동안은 저녁 식사를 대충하고 한 푼이라도 돈을 더 벌 욕심으로 부리나케 밖으로 나갔다. 그러던 중 같은 동네에 사는 대리기사를 우연히 만나게 되었다. 같은 일을 하는 대리기사로서 금방 친해지게 되었다. 일이 끝나고 거의 매일 함께 식사를 하기도 했다. 낮에도 가끔 만나서 차를 한잔하고는 했었다.

어느 날 낮에 만나서 광교산을 갔다가 집에서 차를 마시면서 이야기를 하다 말고 갑자기 집에 가야겠다고 하는 것이다. 저녁 시간이 되어갈 무렵이었다. 나는 의아해서 물었다.

"같이 있다가 여기서 일을 시작하면 되지. 집에는 왜 가는 거요?"

그는 자전거 장갑을 손에 끼고 얼굴에 엷은 미소를 지으며 대답했다.

"저는 집에서 30분 정도 쉬었다 일을 나갑니다."

나도 그 후로 일을 시작하기 전에 30분 정도 휴식을 취하고 나가는 거로 정했다. 앞쪽에는 접이식 의자를 놓고 발을 올려놓는다. 그리고 의자를 뒤로 젖힌 뒤 누운 자세로 눈을 감고 휴식을 취하는 것이다. 잠이 들든 잠을 자지 않고 그냥 그 자세로 있든 상관없다. 한가지 유의할 것은 혹시라도 잠이 들 것에 대비해 휴대폰으로 30분 후에 알람이 울리도록 해놓는다.

대리운전이란 야간에 남의 차를 운전하는 일이다. 이런 휴식을 취하는 것은 자신을 위해서나 손님을 위해서도 필요한 자세이다.

1. 일을 시작하기 전에 30분 정도 휴식을 취한다.

2. 앞쪽에 놓인 의자 – 나 같은 경우는 접이식 의자를 사용 – 에 발을 올려놓고, 의자를 뒤로 젖히고 누운 자세로 휴식을 취한다.

3. 혹시 잠이 들지도 모를 것에 대비해 휴대폰으로 30분 후에 알람이 울리도록 해놓는다.

4. 일을 시작하기 전에 잠깐이라도 휴식을 취하는 것은 자신을 위해서나 손님을 위해서도

  필요한 자세이다.

4장 프로의 건강관리와
돈 관리

01 프로의 건강관리법

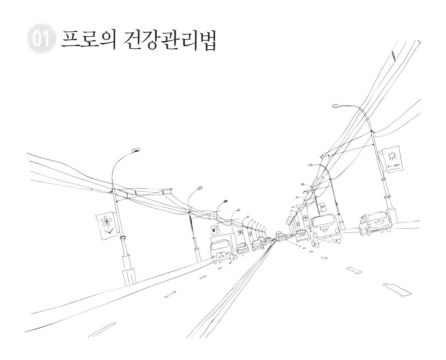

일주일에 하루는 쉰다

다른 건 몰라도 대리운전을 시작하고 내 마음대로 일을 할 수 있어 좋았다. 일을 시작하는 시간이나 끝내는 시간도, 오늘은 일을 할 것인가 말 것인가 하는 모든 것이 오롯이 내가 결정하고 행동할 수 있는 것이 좋았다. 나는 쉬는 날 없이 거의 한 달 내내 일을 했다. 어두워질 무렵이면 식사도 거른 채 일을 하러 밖으로 나갔다.

오히려 토요일이나 일요일은 낮부터 손님이 있어서 새벽까지 길게 일을 할 수 있고, 돈이 되는 날이라 쉴 수가 없었다. 돈맛을 들인 나는 오히려 토요일과 일요일이 오길 기다리고는 했다. 특히 일요일에는 많은 대리기사가 쉬기 때문에 콜을 쉽게 잡고 일을 하기가 더욱 수월했다.

　거의 매일 일이 끝나고 나서 새벽에 함께 식사하는 대리기사가 있었다. 이 친구가 항상 일요일은 쉬었다. 일요일에 더 많은 돈을 버는 나로서는 그가 일요일에 쉬는 것을 이해할 수가 없었다. 그리고 한편으로는 이런 생각을 했다.

'어차피 대리기사로 고생을 하는데 일요일도 일해서 돈을 더 벌어야지. 일요일에 쉬다니 배가 부른 친구군.'

　하지만 일요일도 쉬지 않고 일을 하면서 나는 몸이 점점 지쳐갔다. 그러던 중 쉬는 날은 단순히 노는 날이 아니라 재충전하는 시간이라는 사실을 깨닫게 되었다. 그리고 나도 다른 대리기사들처럼 일주일에 하루, 일요일에는 쉬게 되었다. 가끔 평일에 특별한 약속이 있거나 일이 있어 대리운전을 하지 못할 때는 대신 일요일에 일을 하기도 했다.

1. 일주일에 하루는 쉬자. 일요일이어도 좋고, 정한 요일에 하루를 쉰다.

2. 평일에 특별한 약속이 있거나 일이 있어 대리운전을 하지 못할 때는 대신 일요일에 일을 하기도 한다.

3. 일주일에 하루를 쉬든 이틀을 쉬든 그건 본인이 정하기 나름이다.

나는 대부분 저녁 식사를 거르고 일을 시작했다. 그냥 속이 빈 상태로 일을 하는 게 편했다. 그리고 새벽에 일을 마치고 동료 대리기사와 어울려 주로 뼈 해장국을 먹었다. 자연스럽게 막걸리도 한잔하게 되었다. 배가 고프다 보니 뼈 해장국을 시키고 기다리는 동안 먼저 막걸리를 한잔했다. 이렇게 새벽 시간에 먹는 식사와 막걸리는 몸에 독을 붓는 거와 같았다.

결국 몸에 이상이 생겨 새벽에 119에 실려 가야 하는 일이 발생하고 말았다. 병원응급실에서 간단한 응급처치를 하고 별 탈 없이 퇴원할 수 있었지만, 나에게는 충격적인 일이었다. 곰곰이 생각을 해보고 고민을 해보니 119에 실려 가게 된 시발점이 저녁 식사를 거르고 새벽에 식사하며, 매일 막걸리를 마신 게 원인이었던 것 같다. 아니 그게 분명하다.

한번 건강을 잃으면 회복하기 어렵다. 몸이 어딘가 불편하고 안 좋은 사람은 이런 말을 종종 듣는다.

"요즘 몸이 어디가 안 좋은 거 같애. 얼굴색이 안 좋네."

바로 내가 119에 한 번 실려 갔다가 온 후 사람들에게서 많이 들은 이야기이다. 나를 걱정해주어서 하는 소리이지만 그런 말을 들으면 기분이 별로 좋지 않았다. 아무튼 건강을 잃고 나서 건강을 회복하려고 고통을 감내해가며 시간과 돈을 쓰는 것은 어리석은 일이다. 우리가 잘 알고 있듯이 잘 챙겨 먹고 잘 자는 것이 건강의 기본이다. 특히 밤을 낮 삼아 일하는 대리기사에게는 더욱 그렇다.

1. 일을 하기 전에 식사하자.

2. 간단하게라도 챙겨 먹고 일을 나가는 습관을 들이자.

3. 제대로 챙겨 먹지 않고 일을 하면 몸에 무리가 가고 탈이 나게 마련이다.

일하는 시간을 정한다

대리운전을 하면서 큰 장점은 일하는 날이든, 시간이든 내 마음대로 정해서 일을 하는 것이다. 누가 뭐라는 사람도 없다. 그런데 이런 큰 장점이 오히려 단점이 되기도 한다. 대리운전하면서 일하는 시간을 정해놓고 하는 것이 중요하다.

2장에서 제일 먼저 이야기한 '먼저 수입목표를 정하라.'라는 말과 일맥상통하기도 한다. 수입목표에 따라 일하는 시간도 정해질 수 있다. 그러니까 언제부터 언제까지 할 것인가는 자신의 형편에 맞게 정하면 되는 것이다.

저녁 7시부터 시작하게 되면 러시아워 시간에 걸려 차가 막힌다. 차가 막힌다는 것은 대리기사로서는 일을 제대로 할 수 없다는 뜻이기도 하다. 그래서 오래 한 대리기사들은 러시아워를 피해 8시부터 시작하는 경우가 많다.

나는 2인 1조로 할 때는 뒤차가 시키는 대로 권선동 이마트 건너편의 공터에서 저녁 7시에 만나서 일을 시작했었다. 홀로서기를 하면서 7시에 시작하면 차가 막히니까 7시 30분으로 늦추었다. 그리고 2년 차가 되면서는 시간을 더 늦추어서 8시에 시작했다. 연륜이 쌓여 갈수록 오히려 일을 시작하는 시간이 뒤로 늦추어진 것이다.

베테랑이 되면 시간에 집착하는 것이 아니라 돈이 되는 시간에 맞추어 일한다. 저녁 7시부터 나와서 러시아워에 막히는 도로에서 진을 빼기보다는 돈이 되는 시간에 나와서 좀 더 편하게 효율적으로 일을 하는 것이다. 일하는 시간도 대부분 저녁 8시부터 12시 30분까지이다. 꼭 그 시간에 맞추어 일한다는 게 아니라 그 시간대를 정점으로 일을 한다는 것이다. 8시 30분부터 나와서 일을 하는 베테랑 대리기사를 본 적도 있지만 그건 아무래도 좀 늦은 시간이라는 생각이 든다. 교통이라든가 여러 가지 여건을 생각해보면 시작 시간은 8시가 적당한 거 같다. 다시 말하지만 일하는 시간은 자신의 여건에 맞게 자신이 판단해서 정하는 것이다. 나는 보편적인 시간과 노하우를 이야기하는 것뿐이다. 좀 더 나은 돈벌이를 위해 남보다 일찍 시작해서 새벽 늦게까지 일을 하는 대리기사들도 많다. 남이 몇 시간을 일해서 얼마나 버는가는 중요하지 않다. 자신의 목표금액에 따라 일하는 시간을 정하면 되는 것이다.

그리고 일하는 시간을 정했으면 그걸 지키는 지혜가 필요하다. 시작하는 시간도 중요하지만 내가 말하고 싶은 것은 끝나는 시간을 지키라는 것이다. 사실 끝나는 시간을 지키는 것은 쉬운 일이 아니다. 왜냐하면, 한 콜만 더하면 돈이 되는데 그걸 끊고 집에 돌아간다는 게 쉽지 않기 때문이다. 그 한 콜을 더 하게 되면 이왕 한 거 한 콜만 더하게 되고 그러다 보면 일을 끝내는 시간이 점점 늦어지게 된다. 그렇게 일을 끝내는 시간이 늦어지는 건 올바른 일이 아니다. 오늘만 살 게 아니기 때문이다. 내일을 위해서라도 끝나는 시간을 지키고 과감하게 집으로 돌아가는 용기를 내야 한다. 자신이 정한 시간에 일을 시작하고 끝내는 것, 이게 요점이다.

1. 자신의 형편에 맞게 일의 시작 시간과 끝나는 시간을 정한다.

2. 시작 시간도 중요하지만 끝나는 시간을 반드시 지키려고 노력한다.

3. 다른 대리기사들이 어떻게, 어떤 식으로, 몇 시간을 일하는지를 알아보고 참고한다.

투잡은 시간과 체력의 안배가 중요하다

대리운전하면서 투잡을 하는 사람들을 가끔 본다. 낮에 쿠팡이츠를 하는 사람도 몇 번 만난 적이 있다. 나도 쿠팡이츠를 하면서 만난 것이다. 그들은 대부분 쿠팡이츠를 피크타임에만 하고 밤에는 대리운전을 했다. 쿠팡이츠의 피크타임은 오전 11시부터 오후 1시, 오후 6시부터 오후 8시까지를 말한다. 점심과 저녁 식사시간이 피크타임인 것이다. 이 피크타임이 끝나면 단가가 현저하게 떨어진다. 그러니까 밤에 대리운전하는 사람들이 딱 피크타임에만 하는 것이다. 어쩌면 현명한 방법이라고 생각한다. 일종의 치고 빠지는 전법인 것이다.

　다른 투잡을 하는 경우도 있지만 쿠팡이츠가 대리운전을 하면서 투잡으로 하기에 적당한 일인 것 같다. 피크타임에만 쿠팡이츠를 해도 얼마 정도 수입을 늘릴 수 있기 때문이다. 쿠팡이츠 말고 다른 일로 투잡을 하느니 대리운전을 하는 시간을 더 늘리는 게 낫다고 생각한다. 그리고 투잡을 하면서 자본이 들어가는 일이라면 쌍수를 들어서 말리고 싶다. 대리운전을 하면서 자본을 들여서 장사나 사업을 한다는 것은 어려운 일이다. 정신적으로나 육체적으로 사업에 집중하기가 힘들기 때문이다.

　내가 여기서 말하고자 하는 것은 투잡을 해서 돈을 더 버는 것보다 투잡을 하면서 과연 체력적인 안배를 잘하고 있느냐를 묻고 싶은 것이다. 쿠팡이츠와 대리운전 일을 마치고 새벽에 잠을 자고, 다음 날 다시 투잡을 하는 것은 자칫 몸에 무리가 갈 수 있다. 투잡을 하는 사람들은 체력안배와 건강에 유의해야 한다.

　자칫하다가는 돈을 벌 욕심에 건강을 잃을 수 있다. 다시 한번 강조하지만 무리하게 투잡을 해서 몸을 상하게 하지 말고, 투잡을 할 때는 체력적인 안배, 시간적인 안배를 잘해야 한다.

1. 대리운전하면서 투잡을 할 경우 시간 안배를 잘해야 한다.

2. 피크타임에 쿠팡이츠로 투잡을 하는 것은 좋은 방법의 하나다.

3. 투잡을 할 때는 건강과 체력관리에 유의한다. 결국 자기 자신과의 싸움이다.

4. 몸에 에너지가 없는데 과도한 일을 해서 몸을 태우지 말라.

간단한 간식을 준비한다

대리운전을 하다 보면 밤 12시 넘어가면 배도 고프고 뭔가 달콤한 게 당긴다. 일하는 중간에 편의점에 들러 에너지바 같은 간단하게 먹을 수 있는 걸 사면 될 것 같지만 그게 쉬운 일이 아니다. 도보로 하는 대리기사는 어떨지 모르지만, 전동휠을 타는 나로서는 콜을 잡고 바삐 움직이다 보면 편의점에 들러서 뭔가를 산다는 게 수월한 일이 아니다. 간식을 사는 데 많은 시간이 걸리는 건 아니지만 일의 흐름을 깨뜨리기 때문에 안 가게 된다.

그래서 크로스백에 간단하게 먹을 간식거리를 준비해 다니는 게 좋다. 나는 연양갱을 좋아해서 몇 개씩 넣고 다닌다. 주로 전동휠을 타고 달리면서 먹는다. 자정이 넘은 시간에 가로등 불 아래를 달리면서 먹는 연양갱 맛은 최고다. 입맛이 당기면 두 개를 먹기도 한다.

연양갱 말고 에너지바도 괜찮다. 에너지바에는 물엿과 땅콩, 아몬드, 건포도 등이 함유되어 있어 맛도 영양도 최고다. 보리빵도 먹을 만하다. 이런 간식은 편의점에서 사는 것보다는 미리 여러 개를 인터넷에서 구입해 놓는 게 좋다. 마트에 갈 필요도 없다. 인터넷에서 훨씬 저렴하게 살 수 있고 배송까지 해주기 때문이다.

별거 아닌 거 같은 이런 작은 간식 하나가 지친 몸에 활기를 넣어준다. 방전된 배터리를 충전해주는 것처럼 몸에 에너지를 충전해준다.

그리고 하나 더 크로스백에 졸음방지 껌도 넣고 다니는 게 좋다. 대리 운전을 하면서 졸아본 적은 별로 없지만 가끔은 소나기처럼 졸음이 쏟아 질 때가 있다. 졸음이 올 때 이 껌을 씹으면 정신이 번쩍 든다. 정말 효과 가 있다. 졸음방지 껌을 갖고 다니면 꼭 졸음이 올 때가 아니더라도 운전 중에 한 번씩 씹으면 기분전환이 된다.

1. 크로스백에 미리 간식을 준비해둔다. 간편하고 편리한 간식으로는 연양갱, 에너지바, 보리빵 같은 게 있다.

2. 간식은 편의점이나 마트에서 사는 게 아니라 인터넷에서 여러 개를 미리 구입해 둔다.

3. 크로스백에 졸음방지 껌을 넣어 둔다.

적당한 취미생활을 한다

취미생활이라고? 갑자기 무슨 뚱딴지같은 소리를 하느냐고 할지도 모르겠다. 그러나 대리기사에게도 여유시간은 필요하다. 그리고 그 여유시간을 어떻게 채우는가 하는 것은 중요한 일이다.

나는 시간이 날 때 독서를 하라고 말하고 싶다. 이건 돈을 버는 것만큼 중요한 일이다. "이건 또 뭐야, 책을 읽으라니. 정말 너무한데?"라고 생각할지도 모른다. 나도 원래 책을 좋아하는 사람은 아니었다. 아니 책과 담을 쌓고 살았던 사람이다. 어쩌다 보니 책을 접하게 되었고 지금은 밥을 먹는 것만큼이나 책을 읽는 사람이 되었다. 독서를 권하는 데는 이유가 있다. 내가 어렵고 쓰러지고 싶을 때, 어디에선가 뛰어내리고 싶었을 때 내 어깨를 잡아주고, 내 발목을 잡아 준 것은 바로 책이었다.

1998년 햇볕도 들지 않는 두 평 남짓한 지하창고에서 창업했었다. 뜨거운 여름이었다. 말이 창업이지 먹고 살기 위해 궁여지책으로 시작한 일이었다. 죽을 만큼 일을 열심히 한 덕분에 2년 만에 내가 만든 제품을 삼성전자에 납품했다. 그 후 자고 일어나면 매출이 두 배로 뛸 만큼 사업은 하늘 높을 줄 모르고 나는 듯했지만 뜻하지 않은 사기를 당해 온 가족이 길거리에 나앉을 처지가 되었다. 정말 주저앉을 수밖에 없었다. 눈물과 술로 세월을 보냈다. 그러던 중 언제부터인가 예전보다 더 열심히 일하며 눈물과 술 대신 손에 책을 잡았다. 책에게 고민을 말하고, 길을 물었다. 절망이라는 수렁에 빠져 허우적거리는 나를 건져준 건 내 손에 들려있던 한 권의 책이었다.

몸의 건강만큼이나 마음의 건강도 중요하다. 이걸 부정할 수 있는 사람은 없을 것이다. 독서를 권하는 이유 중의 하나가 다른 것을 하는 것에 비해 훨씬 저렴한 비용이 들기 때문이다. 그리고 언제, 어디서든 시작할 수가 있다.

우선 아무 책이나 자신의 흥미를 당기는 가벼운 책을 먼저 읽으면 된다. 흥미 있는 책을 읽고, 읽다 보면 그 흥미가 다른 호기심과 관심을 만든다. 그러면서 지경이 넓어지게 된다.

책은 새 책이 아닌 중고 책을 사면 된다. 정가의 5분의 1 가격이면 살 수가 있다. 중고 책은 '북코아'에서 저렴한 가격에 구입할 수 있다. 네이버에서 '북코아'를 검색하면 만날 수 있다.

https://www.bookoa.co.kr

음악을 듣거나 영화를 보는 건 어떨까. 너무 식상한 이야기라고 말할지도 모르겠다. 하지만 그렇지 않다. 음악과 영화처럼 힘들고 지친 삶을 위로해주고, 힐링하는 데 정말 좋은 친구 같은 역할을 해주는 건 없다고 생각한다. 당신의 인생에 음악과 영화가 없는 삶을 상상해 본 적이 있는가? 그래도 식상한 이야기로 들린다면 할 말이 없지만 말이다.

예전에는 학창시절 미팅을 나가거나 성인이 되어서도 이성을 소개받은 자리에서 가장 먼저 이야기하는 것이 바로 이거였다.

"취미가 뭐예요?"

이렇게 물었을 때 제일 많은 대답 중의 하나가 음악감상이나 영화 보기였던 거 같다. 이건 정말 상대방의 취미가 궁금해서 묻는다기보다는 그냥 말을 트기 위한 하나의 과정인 것이다. 현재는 어떤지 모르겠지만 내가 젊은 시절 이력서를 쓸 때도 '음악감상'이나 '영화 보기'는 취미란에 가장 많이 쓰는 것 중의 하나가 아니었을까 싶다.

음악감상이나 영화 보기는 독서와 마찬가지로 저렴한 비용으로 즐길 수 있는 취미 중의 하나이다. 아니 어쩌면 거의 비용이 들지 않는다고 볼 수도 있다. 사실 음악과 영화는 취미라기보다는 나는 인생의 일부라고 표현하고 싶다.

물론, 기타를 친다거나 – 악기를 다루는 것도 굉장히 좋은 취미이다 – 탁구나 수영 같은 운동을 하는 것도 좋다. 음악이나 영화의 가장 큰 장점은 어떤 취미활동을 하든 그것과 함께할 수 있다는 것이다. 인생이라는 엔진이 있다면 음악과 영화는 엔진오일이라고 말하고 싶다. 자동차의 엔진을 멈추지 않게 하려면 엔진오일이 반드시 필요하다. 그렇듯 당신의 인생이라는 엔진에도 음악과 영화라는 엔진오일이 있으면 좋겠다.

1. 고루하고 지루한 이야기 같지만, 독서를 하자. 가벼운 책부터 시작하자.

2. 음악과 영화를 가까이하자. 당신의 인생에 좋은 친구가 되어 줄 것이다.

3. 악기를 다루거나 운동을 하는 것도 좋다.

4. 다른 어떤 취미나 운동을 하더라도 음악감상과 영화 보기는 함께 할 수 있는 취미이다.

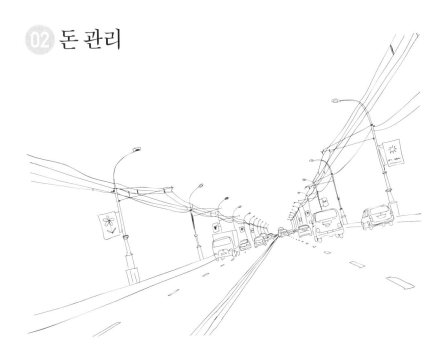

02 돈 관리

금전출납부 쓰기

대부분의 대리기사가 금전출납부를 쓰지 않는 거로 알고 있다. 금전출납부를 쓰는 것은 여러 가지로 유용하고 또 중요하다. 먼저 매일 자신의 수입과 월수입을 알기 위해서라도 금전출납부는 꼭 필요하다. 2년여 전에 우연히 만난 60대 초반의 대리기사가 수첩에 그날그날 수입을 적는 것을 본 적이 있다. 간단하게 그렇게 적는 것도 도움은 되겠지만 그걸로는 부족하다고 생각한다.

물론, 대리앱을 보면 그날그날의 수입과 월수입이 나온다. 한 개의 대리앱을 사용한다면 대리앱에 의존해도 되겠지만 문제는 한 개의 대리앱을 사용하는 대리기사는 아마 없을 것이다. 각 대리앱마다의 수입을 파악하고 그걸 더해서 그날의 수입과 월수입을 알 수 있다.

사실 금전출납부는 수입을 알고 어디에 지출하는지 아는 것이 첫 번째이지만 대리기사가 쓰는 금전출납부에는 또 다른 의미를 하나 더 가지고 있다. 각 대리앱의 잔고를 확인하는 것이다. 잔고란 내가 대리운전을 해서 충전된 금액을 이야기한다. 오늘의 수입금액과 수수료, 현금으로 받은 금액과 카드로 받은 금액 등을 종합해보면 어제의 대리앱 잔고와 오늘의 잔고를 보면 딱 맞아떨어지게 되어있다.

이게 맞지 않는다면 혹시 일을 했는데 수입으로 잡히지 않은 것이 어디에 있는지를 확인할 수 있다. 그러니까 대리회사에서 실수나 고의 – 고의로 그런 경우는 거의 없지만 – 로 나의 수입을 빠뜨렸는지 알 수 있는 것이다. 나는 이렇게 금전출납부에 수입과 잔고를 확인하고 나서 편한 마음으로 잠들 수 있었다. 물론, 지출도 기록한다.

참고로 내가 사용했던 금전출납부를 다운받아서 사용할 수 있는 주소를 적어 놓는다. 여기에 가면 내가 사용했던 대리기사용 금전출납부를 만나 볼 수 있다. 내가 직접 엑셀로 만든 파일이다.

https://blog.naver.com/dreamhu/222830062205

1. 금전출납부를 매일 쓰자.

2. 금전출납부를 통해 대리앱 – 대리회사 - 의 잔고를 확인하고 점검할 수 있다.

3. 금전출납부를 통해 수입과 지출을 알고 미래를 계획한다.

4. 금전출납부를 다운받아 사용하다가 궁금한 점이 있을 때는 블로그 댓글로 문의한다.

적금을 부어라

적금을 붓는 것은 굉장히 중요한 일이다. 내가 선생님이라면 여기에 밑줄을 그으라고 말해주고 싶다. 사실 대리기사는 불안정한 직업이다. 1년에 자동차 사고를 두 번 내서 보험 가입이 안 돼 그만두어야 할 수도 있고 – 제일 무섭고 안타까운 일이지만 – 나처럼 전동휠을 타면서 대리운전을 하는 사람은 불의의 사고를 당할 수도 있다. 한 치 앞을 모르는 일이 대리운전이다.

그렇다고 기가 죽거나 의기소침할 필요는 없다. 대리운전뿐 아니라 세상에 그렇지 않은 일이 또 어디 있겠는가. 정도의 차이만 있을 뿐 직장을 다니는 사람은 회사 형편이 어려워서 또는 자신의 무능력으로 해고될 수도 있으며, 장사나 사업을 하는 사람은 사기를 당하거나 – 나도 사업을 시작한 지 2년 6개월 만에 사기를 당해 온 가족이 길거리에 나앉을 뻔한 적이 있다 – 뜻하지 않은 일로 문을 닫아야 하는 경우도 생긴다.

대리운전이란 특별히 투자한 자금이 있는 것도 아니고 그저 몸뚱이 하나로 시작한 일이니 장사나 사업을 한 것처럼 망한다 해도 손해날 것은 없다. 마음 편하게 생각하면 그렇다는 이야기이다. 아무튼, 대리운전을 하면서 자신을 지키는 가장 큰 도구는 바로 적금이라고 생각한다.

내가 58년을 살면서 가장 잘한 일 중의 하나가 대리운전을 하면서 월 200만 원의 적금을 부은 것이다. 다른 사업을 하다가 실패를 했을 때도, 사고가 나서 119에 실려 갔을 때도, 몸이 아파 잠깐 대리운전을 못 하게 되었을 때도 나를 지켜준 것은 그 누구도 아닌 '적금'이었다.

버는 돈이 얼마이든, 얼마의 적금을 붓든 금액은 중요하지 않다. 단돈 10만 원이라도 적금을 부을 것을 강력하게 권한다. 적금을 붓고 만기까지 가는 거다. 만기에 탄 돈은 금액 여부와 상관없이 정기예금으로 돌려놓고 또 적금을 붓는다. 적금 탄 걸 정기예금으로 돌려놓지 않으면 1년, 2년 만기로 탄 적금은 어디로 갔는지도 모르게 연기처럼 사라지고 만다.

4년 전에 한 달에 백만 원만 벌기를 기대하면서 대리운전을 시작했다. 첫 달에 2인 1조로 저녁 7시부터 새벽 3시까지 일을 해서 150만 원을 벌었을 때 얼마나 기뻤는지 모른다. 뒤차의 갑질 아닌 갑질을 견디다 못해 홀로서기를 해야 했다. 1년이 지나고 노하우가 쌓이면서 1주일 만에 2인 1조로 벌던 수입을 올리기도 했다. 그리고 그때 무엇보다 내가 살 길은 적금을 붓는 것이라는 것을 본능적으로 느끼고 적금을 붓기 시작했다.

그걸 깨닫고 적금을 붓게 해준 신에게 감사할 따름이다. 지금도 '적금'은 내 인생을 지켜주는 파수꾼이며, 등대이며, 영원한 친구라는 생각에

변함이 없다.

1. 매월 일정 금액 적금을 붓는다. 금액의 많고 적음은 중요하지 않다.

2. 만기까지 적금을 붓는다.

3. 만기가 되어 탄 금액은 정기예금으로 돌린다. 이렇게 해야 적금으로 탄 돈이 딴 데로 새는 것을 예방할 수 있다.

4. 만기가 되면 다시 적금을 새로 시작한다.

당근마켓 활용하기

나는 내게 당근마켓이 없었으면 어땠을까 하는 생각을 가끔 해본다. 답은 그런 일은 있어서는 안 된다이다. 지인이 얘기해주어서 당근마켓을 알게 되었다. 처음에는 별 기대를 하지 않았었다. 왜냐하면 겨우 동네 사람들끼리 하는 거래가 생활에 무슨 도움이 되겠냐는 생각에서였다. 당근마켓을 이용하기 전에는 네이버 중고나라를 많이 이용하고 있었다. 그런데 필요한 게 있어 그냥 재미 삼아 한두 번 당근마켓에서 거래를 해보고 나서는 생각이 달라졌다.

네이버 중고나라를 이용할 때는 필요한 물건을 사기 위해 수원에서 주로 안양이나 용인까지 가야 했다. 그것도 10만 원 이상 되는 물건이라면 몰라도 1만 원도 안 되는 물건 하나를 사면서도 몇 번이고 안양이나 용인을 간 적이 있었다. 그래도 필요한 물건을 저렴하게 바로 살 수 있어서 기쁜 마음으로 다녔다.

당근마켓은 내가 사는 동네에서 물건을 사면서도 필요로 하는 물건이 거의 다 있다는 사실에 놀랐다. 그리고 네이버 중고나라보다 더 저렴하게 살 수 있다는 사실에 한 번 더 놀랐다. 엊그제만 하더라도 내가 읽고 싶었던 책 11권을 무료 나눔으로 받았다. 내겐 기적 같은 일이었다. 그것도 내가 있는 곳에서 10분 거리도 안 되는 인계동에서 말이다.

최근에 심취하고 있는 히가시노 게이고의 책도 40권 정도를 모두 당근마켓에서 구입했다. 만약 새 책을 샀다면 감당하기 힘든 금액이었을 것이다. 그리고 무엇보다도 히가시노 게이고의 책은 인기가 많아서 중고 책으로도 구입하기 힘들다. 그런 책을 저렴하게 구입할 수 있었던 것은 오로지 당근마켓의 힘이다.

집에 있는 주방용품과 가전제품 등 거의 모든 걸 당근마켓에서 구입한 거 같다. 그리고 당근마켓의 힘은 구매하는 데만 있는 게 아니다. 내가 팔고자 하는 물건도 조금만 저렴하게 내놓으면 바로 팔아 치울 수가 있다. 물건을 당근마켓에 팔면 돈도 생기고, 여유 공간도 생기는 일석이조의 효과가 있다.

당근마켓을 이용할 것을 권한다. 자신이 필요로 하는 물건을 동네에서 저렴하게 바로 구입할 수 있고, 필요 없는 물건은 올려서 팔 수 있다. 가격만 조금 저렴하게 내놓으면 정말 잘 팔린다. 내 손안에 대형마트가 하나 있는 것처럼 활용할 수가 있다. 저렴한 것은 기본이고, 가끔 자신이 필요로 하는 물건을 무료 나눔을 통해 선물로 받을 수도 있다. 물건을 팔고 사면서 가까이 있는 이웃과 소통하는 재미도 있다. 당근마켓을 활용하면 생활에도 많은 도움이 될 것이다.

1. 당근마켓을 통해 동네에서 저렴한 물건을 바로 구입할 수 있다.

2. 다른 곳에서 구입하는 것보다 훨씬 저렴한 가격에 살 수 있다.

3. 필요 없는 물건은 조금 저렴하게 올리면 쉽게 팔 수가 있다.

4. 가끔 무료 나눔을 통해 필요한 물건을 선물로 받을 수 있다.

5장 좀 더 많은 수입을
원한다면

누구나 쉽게 시작할 수 있는 쿠팡이츠

누구나 쉽게 시작할 수 있는 쿠팡이츠

쿠팡이츠 시작하기

어느 날 사회에서 만나 친구를 통해 쿠팡을 알고 배우게 되었다. 그는 용인 수지에 건물을 사고, 천안에도 14개 원룸이 있는 건물에서 월세를 1천만 원 정도 받고 있는 친구이다. 자신이 몸담았던 제약회사에서 일했던 것을 발판으로 사업을 시작, 월 1천만 원 정도를 벌고 있기도 하다. 참으로 놀라운 일이다. 불과 10년 전만 해도 나에게 와서 먹고 살 수 있도록 도와 달라던 사람이었다. 실제로 내가 하는 사업을 가르쳐주어 도움을 주기도 했다.

그를 만나 식사를 하고 그의 사무실로 가서 커피 한잔을 마셨다. 그는 특유의 어린애 같은 미소를 던지며 할 말이 있다고 했다.

"저, 윤 사장님! 제가 하는 말 기분 나쁘게 듣지 마세요. 제가 시간 날 때 쿠팡 배달을 하고 있는데 한번 해보실래요? 대리운전은 밤에 하고 이건 낮에 하면 될 겁니다."

그가 쿠팡이츠를 하고 있다는 말에 깜짝 놀랐다. 사업으로 1천만 원을 벌고, 월세 수입이 1천만 원인 사람이 쿠팡이츠를 하다니. 그는 '내가 배달 일해서 많이 놀랐니?'라는 표정으로 다시 말했다.

"오늘 저랑 쿠팡이츠를 한번 해보실래요?"

그는 자신의 그랜저 하이브리드로 쿠팡이츠를 하고 있었다. 나는 호기심에 함께 해보기로 했다. 일은 정말 간단했다. 쿠팡이츠 앱을 깔고 배달 화면이 뜨면 콜을 잡고, 음식을 받아서 고객에게 배달하면 되는 것이다. 배달 후에 배달 완료를 누르면 자신의 수입으로 적립된다. 적립된 금액은 일주일에 한 번씩 자동으로 자신의 통장으로 입금이 되는 것이다. 대리운전보다 훨씬 심플하고 간단했다.

나는 그와 함께 2시간 정도 쿠팡이츠를 하면서 나도 낮에 해보기로 마음을 먹었다. 그리고 그가 가르쳐 준 대로 쿠팡이츠 앱을 내 휴대폰에 깔았다. 내가 배달을 시작하는 순간, 그에게 1만 원이 적립된다고 한다.

나는 월세 1천만 원을 받는 친구에게 쿠팡이츠를 배워서 시작했다. 쿠팡이츠를 시작하면서 '참으로 세상은 아는 만큼 돈을 벌 수 있구나.' 하는 생각을 하게 되었다.

1. 정말 간단하다. 쿠팡이츠 앱을 깔고 간단한 신청 절차를 거치면 바로 시작할 수 있다.

2. 수입은 적립이 되며 일주일에 한 번 등록해 놓은 통장으로 입금된다. 매주 월세를 받는 것 같은 기분이 들 수도 있다.

3. 쿠팡이츠는 스트레스가 없이 돈을 벌 수 있다.

4. 배달금액의 세금 3%를 떼고 적립이 된다.

5. 세상은 아는 만큼 돈을 벌 수 있다.

내비게이션 연동

쿠팡이츠를 시작하면서 굉장히 놀라웠던 게 있다. 콜을 잡고 길 찾기 버튼을 누르면 바로 내비게이션이 길을 안내해 주는 것이다. 이건 마치 휴대폰이 마술을 부리는 것처럼 너무 신기했다. 대리운전할 때 가장 큰 일이 내비게이션에 목적지를 입력하고 찾아가는 것이다. 가끔은 대리앱에 나오는 주소지를 잘못 입력해 엉뚱한 곳으로 가서 낭패를 보는 일도 있다. 그런데 쿠팡이츠를 하는 한 목적지를 잘못 찾아가는 일은 없다. 그리고 일일이 목적지를 내비게이션에 입력하는 수고는 할 필요가 없다.

대리운전을 할 때 일일이 목적지를 내비게이션에 검색해야 했는데 쿠팡이츠를 할 때는 마치 항상 무궁화호 열차를 타고 가다가 비행기를 타고 가는 것처럼 슝~하고 목적지에 도착하는 기분이 들었다. 정말 이것 때문에 쿠팡이츠를 마구마구 하게 만든다. 새삼 이 프로그램을 만든 사람에게 악수하고, 손등에 키스라도 하고 싶은 심정이다.

쿠팡이츠를 시작하면서 내비게이션 연동을 어디로 할건지 정하는 화면이 나온다. 이때 티맵으로 할건지 카카오내비로 할건지를 결정해야 한다. 티맵보다는 카카오내비를 사용하는 게 좋다. 오류도 덜하고 정확도에서 티맵보다 카카오내비가 조금 나은 것 같다. 많은 기사가 대부분 카카오내비를 사용한다.

1. 쿠팡이츠 앱을 시작할 때 내비게이션 연동에서 티맵과 카카오내비 중에 선택한다.

2. 출발지나 도착지를 따로 검색할 필요 없이 화면에 있는 '길 찾기' 버튼을 누르면 바로 안내가 시작된다.

3. 내비게이션 연동으로 스트레스 없이 일할 수 있다.

매장 도착

콜을 잡고 매장에 도착하면 화면을 약간 위로 올려서 '매장 도착' 버튼을 눌러 주어야 한다. 처음 일을 시작할 때 화면을 약간 위로 올려야 하는 것을 몰라서 애를 먹은 적이 여러 번 있었다. 한 번 했는데도 화면을 위로 올리는 것을 다음번에 또 잊고는 했다. 매장 도착 버튼을 눌러주어야 암호 같은 영어와 숫자가 섞여 있는 주문번호가 나온다.

음식점 – 출발지 – 에 도착하면 대부분 배달할 음식을 비닐봉지에 담아 놓고 겉에 영수증을 붙여 놓는다. 휴대폰 화면의 주문번호와 영수증의 주문번호가 맞는지 확인한다. 그런데 나는 배달을 하면서 음식점에서 비닐봉지를 두 개를 가져가야 하는데 한 개만 가져간 적이 있다. 식당에서 왜 한 개만 가져갔냐고 전화가 와서 음식점으로 도로 돌아가서 한 개를 마저 가져간 적이 있다. 만약 식당에서 내가 한 개만 가져간 걸 미리 발견해서 전화를 주지 않았다면 자칫 배달 사고로 이어질 뻔한 것이다.

나 같은 실수를 하지 않으려면 주문번호를 확인한 다음에 주문한 음식이 맞는지 한 번쯤 확인해 주는 게 좋다. 꼼꼼하게 일일이 주문한 음식이 맞는지 보라는 게 아니라 주문 음식 목록과 포장된 비닐봉지를 한번 보면 맞는지 대략 알 수가 있다.

여기서 한 가지 유의할 점은 배달지를 먼저 확인해보고 싶은 욕심에 '픽업 완료' 버튼을 누르고 '길 찾기' 버튼을 누르지 말아야 한다. 음식 완료라는 알람이 뜨지 않은 상태에서 픽업 완료 버튼을 눌러버리면 음식점에 페널티가 주어지기 때문이다. 서로 먹고살자고 하는 일인데 좀 더 상대를 배려하는 마음이 있으면 좋겠다. 픽업 완료 버튼은 매장에서 음식을 받거나 음식 완료 알람이 뜬 후에 누르도록 한다.

영수증과 휴대폰 화면의 주문번호 일치를 확인하였다면 길 찾기 버튼을 누르고 배달지로 출발하면 된다. 길 찾기 버튼을 누르면 자동으로 목적지 안내가 시작된다. 아무리 생각해도 편리하고 신기한 기능이다.

대형 몰이나 마트에 입점한 음식점을 찾으려면 안에 워낙 많은 음식점이 있어서 헤매는 경우가 종종 있다. 잘못하면 음식점을 찾아 헤매느라 한 콜을 수행할 시간을 다 잡아먹는 일도 있다. 그럴 때는 '매장 찾기 팁'과 '주차 팁'에 메모 된 내용을 확인하는 센스가 필요하다. 가끔 자신의 차나 오토바이를 어디에 주차했는지 몰라 헤매는 경우도 종종 있다. 어디에 주차했는지 잘 기억해 두거나 필요하면 메모하는 게 좋다. 특히 오토바이의 경우는 주차장이 아닌 입구에 주차할 수도 있는데 이때도 자신이 몇 번 입구에 주차하고 들어왔는지 잘 기억해 두어야 한다.

1. 콜을 잡고 출발지 '길 찾기' 버튼을 누르면 내비게이션 안내가 바로 시작된다.

2. 매장에 도착하면 휴대폰 화면을 약간 위로 올리고 '매장 도착' 버튼을 누른다. 휴대폰 화면을 약간 위로 올려야 매장 도착 버튼이 보인다.

3. 휴대폰 화면과 영수증의 주문번호가 일치하는지 확인한다.

4. '음식 완료' 알람이 뜨기 전에 '픽업 완료' 버튼을 누르지 않는다. 음식점에 페널티가 부과된다.

5. 대형 몰이나 마트에 입점한 식당에 갈 때는 특히 매장 '찾기 팁'과 '주차 팁'을 잘 확인한다.

6. 대형 몰이나 마트에 갔을 때는 자신의 차량이나 오토바이를 어디에 주차했는지 잘 메모하고 기억해 둔다.

　도착지 ― 배달지 ― 에 도착을 하면 화면에 메모 되어있는 사항을 미리 숙지하여야 한다. 예를 들어 아파트 현관 비밀번호가 적혀있기도 하고, 아기가 자고 있으니 벨을 누르지 말아 달라는 메모가 있는데 메모 사항을 제대로 확인하지 않고 벨을 누르거나 하면 안 된다. 가끔 배달 사진을 찍어달라고 요구하는 고객도 있다. 그럴 때는 음식을 문 앞에 두고 음식과 호수가 함께 나오게 사진을 찍어야 한다.

　메모 사항은 여러 가지가 있을 수 있다. 가령 집 앞에 두고 벨을 누르지 말고 그냥 가라던가, 반대로 집 앞에 두고 벨을 눌러 달라고 한다던가, 벨을 누를지 말지 메모 사항을 보고 잘 숙지해야 한다.

　가끔은 아무리 벨을 눌러도 응답이 없는 때도 있다. 이럴 때는 고객 전화 버튼을 눌러 고객에게 전화를 해야 한다. 이런 경우 고객이 집에 없다고 볼 수 있는데, 고객에게 음식을 어떻게 할지 물어보아야 한다. 대부분 현관 비밀번호를 알려주고 그냥 집 앞에 놓고 가라고 한다.

　또 한 가지 유의할 점은 배달을 빨리 마치고 다른 콜을 잡고 싶은 욕심에 배달을 완료하기 전에 '밀어서 배달 완료 버튼'을 누르는 경우가 있는데 하지 말아야 할 행동이다. 이러면 고객주소가 사라진다. 정확하게 외운 것 같지만 몇 동 몇 호였는지 까먹게 되면 낭패를 볼 수가 있다. 고객센터에 전화해도 주소를 알려주지 않는다.

내가 처음에 막 쿠팡이츠 일을 시작했을 때였다. 바로 그런 욕심으로 엘리베이터를 타면서 '밀어서 배달 완료 버튼'을 눌렀다. 그런데 엘리베이터를 타고 올라가면서 몇 호에 배달을 해야 하는지 기억이 나지 않았다. 답답한 마음에 고객센터에 전화했지만, 알려주지 않았다. 자기네도 몰라서 그런 것인지, 보안 문제로 그런 것인지 알 수가 없지만. 겨우겨우 마른 걸레를 짜듯이 기억을 해내 배달을 했던 적이 있다. 적잖이 당황했고 기억을 해내는 데 많은 시간이 소요되었다. 지금 생각해도 몇 호인지 잊었던 기억을 되찾은 게 신기하기만 하다.

가능하면 진짜 배달을 완료했을 때 '밀어서 배달 완료 버튼'을 누르라고 말하고 싶다. 배달 완료 버튼은 그냥 누르는 게 아니라 누른 후 밀어야 완료가 된다. 배달 완료 버튼을 누르면 오늘 배달해서 적립된 금액이 보이고, 콜 대기 상태로 된다.

1. 도착지 – 배달지 – 에 도착하면 화면의 메모 사항을 한 번 더 보고 잘 숙지한다.

2. 벨을 누르기 전에 메모 사항을 다시 한번 확인한다.

3. 배달 완료 사진은 음식과 호수가 함께 나오도록 찍는다.

4. 배달을 완료한 후에 '밀어서 배달 완료' 버튼을 누른다. 버튼을 누른 후 옆으로 밀어준다.

사실 대리운전이나 오토바이 배달을 하는 데 있어서 시작 시간보다 중요한 게 종료 시간이라고 나는 생각한다. 이 일은 자신이 움직이는 만큼 돈을 버는 게임이기 때문에 종종 돈이라는 괴물에 끌려서 정작 끝내야 할 시간에 끝내지 못하는 경우가 많다. 실은 내가 그랬다.

시작보다 더 중요한 건 끝내는 용기이다. 꼭 한 콜만 더 해야지, 48,000원 벌었는데 이왕 나온 김에 5만 원은 해야지, 2천 원만 더하면 5만 원이 되는데 하다 보면 한 콜이 두 콜이 되고 끝나는 시간이 새벽이 되는 수가 있다. 수입은 좀 더 늘어서 좋을지 모르지만 예정된 시간보다 늦게까지 일을 하게 되면 일상이 깨어지고 만다. 자꾸 주어진 일상이 깨어지다 보면 몸이 깨지는 수가 있다.

수입은 늘어나지만, 자신의 행복지수는 떨어진다. 그것이 습관이 되다 보면 돈이라는 괴물에게 끌려다니는 꼴이 되고 만다. 나는 오전 11시부터 오후 2시까지 그리고 18시부터 20시까지 쿠팡이츠를 한 후에 저녁 식사도 거른 채 바로 대리운전을 시작한 적이 있다. 대신 나의 작은 크로스백에는 항상 허기를 달래줄 에너지바나 연양갱이 넣어져 있었다.

콜을 수행하다가 자신이 정한 종료 시간이 되면 그 콜을 마치기 전에 '배달종료설정'을 눌러 준다. 쿠팡이츠의 특성상 '밀어서 배달 완료' 버튼을 누르게 되면 다른 콜이 바로 뜬다. 배달종료설정 버튼을 누르고 '밀어서 배달 완료' 버튼을 누르면 쿠팡이츠 앱 자체가 오프된다.

하나라도 더 콜을 진행하고 싶은 욕심에 '여기서 집으로 가는 방향의 콜을 잡자.'라는 생각은 과감하게 버려라. 다시 한번 강조하지만 일을 시작하는 것보다 중요한 것은 일을 끝내는 것이다. 예정된 종료 시간에 끝내는 것이야말로 자신의 일상을 지키고, 행복과 건강을 지키는 비결이다. 그것이 당장은 수입이 부족하다고 여길지 모르지만 길게 보면 수입과 자산을 늘리는 길이다.

1. 자신이 정한 종료 시간이 되면 '배달종료설정' 버튼을 누른다.

2. 배달종료설정 버튼을 누르면 배달 완료 시 앱이 자동으로 오프된다.

3. 집으로 가는 방향의 콜을 잡는다는 생각은 과감하게 버려라.

4. 종료 시간을 지키는 것이 자신의 일상을 지키고, 행복과 건강을 지키는 비결이다. 그것이 길게 보면 수입을 늘리는 길이다.

수입목표 금액 설정

대리운전할 때와 마찬가지로 일을 시작하기 전에 수입목표 금액을 정해야 한다. 오늘 5만 원을 벌든, 10만 원을 벌든 그냥 돈을 버는 것과 오늘의 목표를 정해서 5만 원을 버는 것은 다르다. 차라리 수입목표 없이 하루 10만 원을 버는 것보다는 수입목표를 정하고 5만 원을 버는 것이 나는 더 낫다고 생각한다.

수입목표가 있다는 것은 자신이 번 돈을 어떻게 사용하고 활용하겠다는 계획이 있는 것이다. 그 계획이 있어야 얼마나 효율적으로 일을 할 것인가 하는 지혜를 발휘할 수 있고, 시작하는 시간과 끝내는 시간 등을 정할 수 있게 된다.

나는 오토바이를 타고 배달 일을 했다. 어떤 때는 용인 수지까지 갔다가 수원 집으로 돌아오는 길에 다음 대리운전을 하기 위해 시속 80킬로미터로 달린 적이 있다. 오토바이를 탈 때 내가 스스로 정한 최고속도는 시속 50킬로미터였다. 100cc 오토바이로 시속 80킬로미터를 달리니 오토바이와 내 몸이 붕 떠서 마치 구름 위를 달리는 것 같은 기분이 들었다.

딱히 정한 수입목표가 없이 그저 낮에는 쿠팡이츠를 하고, 밤에는 대리운전해서 돈을 더 많이 번다는 생각으로 일을 했기 때문에 오토바이를 무모하게 달리는 일이 생긴 것이다. 쿠팡이츠를 통해 얼마의 수입을 올린다는 목표가 있었다면 돌고 돌아 용인 수지까지 가는 일은 없었을 것이다.

수입목표 금액이 있고, 일하는 시간이 정해져야 혹시 멀리 간다고 해도 종료하는 시간을 맞추어 일을 마치고 수원 집으로 여유 있게 천천히 갈 수 있는 것이다. 그런 목표가 있었다면 대리운전을 하기 위해 용인 수지에서 수원 집까지 목숨을 건 질주를 하는 무모한 짓은 하지 않았으리라.

1. 쿠팡이츠를 통해 얼마의 수입을 원하는지 목표금액을 정하라.

2. 수입목표 금액이 정해지면 시작 시간과 종료 시간 등에 대한 계획이 생길 것이다.

3. 자신에게 맞는 수입목표 금액을 정해 일을 하는 데 무리가 가지 않도록 한다.

4. 종료 시간이 되면 '배달종료설정' 버튼을 눌러 제시간에 일을 끝낸다.

이벤트를 놓치지 마라

쿠팡이츠를 하다 보면 가끔 이벤트를 만나는 경우가 있다. 그런데 이벤트를 그냥 이웃집 닭 보듯이 흘려 볼 것이 아니라 제대로 인지하고 일을 하면 수입을 늘리는 데 많은 도움이 된다. 예를 들어 오전 11시부터 오후 1시까지 3콜을 하면 3천원, 5콜을 하면 5천원, 7콜을 하면 1만 원을 주는 이벤트를 한다고 치자. 무심하게 일을 한다면 대략 6콜은 무난하게 할 것이다.

5콜 이상을 했으니 5천원은 당연히 받게 될 것이다. 그런데 1콜만 더하면 1만 원을 받아 5천원을 더 받을 수 있는데 6콜만 하는 것은 아까운 일이다. 평상시 2시간에 6콜을 했다면 이벤트에서 7콜을 해서 1만 원을 받기 위해서는 금액이 적더라도 거리가 짧은 콜을 좀 더 할 수 있다. 짧은 거리의 콜을 수행하면 1시간에 4콜도 가능하다. 금액은 적지만 좀 더 많은 콜을 할 수 있어 금액이 높은 콜을 할 때와 별로 차이가 나지 않는다. 나는 이런 전략으로 높은 금액의 보너스를 몇 번이고 받은 적이 있다. 이

런 이벤트가 한 번으로는 적은 금액이라고 여길지 모르지만 한 달 치를
모으면 큰 금액이 된다.

금액을 떠나서 좀 더 높은 금액의 보너스를 받으면 기분이 좋다. 쿠팡
이츠도 다른 경쟁사와 다투어야 하므로 이런 이벤트를 하는 거 같다. 다
른 경쟁사에 배달기사를 빼앗기지 않기 위해서 말이다.

대부분 이벤트는 문자로 미리 오기도 하지만 일을 시작하기 전에 어떤
이벤트가 있는지 스스로 한 번쯤 살펴보고 일을 시작하자.

1. 일을 시작하기 전에 어떤 이벤트가 있는지 살펴본다.

2. 이벤트에 맞는 전략을 세우고 행동한다.

3. 이벤트가 금액은 적지만 쌓이면 무시할 수 없는 돈이 된다.

오토바이 배달하는 여성기사

쿠팡이츠를 하면서 가끔 신호대기를 할 때 여자기사를 보는 경우가 있
다. 긴 머리가 헬멧 밑으로 보이고, 검은 장갑을 끼고 핸들을 잡고 있는
모습을 보면 왠지 한 번, 두 번 더 보게 된다. 오토바이 뒤에 탑 박스가 부
착되어 있어 여성배달기사인 걸 알지만 그 모습을 보면 솔직히 아름답고
섹시해 보였다. 대부분 여성배달기사는 나이가 어리고 젊다. 내가 본 여

성기사는 거의 20대 초반이었던 거 같다.

사실 이 일을 시작하고 보면 누구나 할 수 있는 일이지만, 남자도 처음에 선뜻 배달기사가 될 용기를 내는 것은 결코 쉬운 일이 아니다. 하물며 여성이야 어떻겠는가.

대리운전하면서 만난 여성기사들은 대부분 40대 중반 이상의 여성이었다. 길거리에서 일하는 여성기사를 만나 몇 마디 이야기를 나누어 본 적이 있다. 하지만 오토바이 배달을 하는 여성기사와는 대화를 나누어 본 적이 없다. 나와 나이 차이가 많이 나기도 하지만 일의 특성상 서로 오토바이를 타기 때문에 대화할 수 있는 기회가 없었다.

여성이라고 배달 일을 못 할 이유는 없다. 가끔 배달 일하는 여성기사를 볼 때면 응원의 박수를 보내고 싶어진다. 여성이라도 용기를 내서 하면 된다.

1. 오토바이를 탄 여성배달기사를 종종 만나게 된다. 나는 배달 일을 하는 그들의 용기를 응원하며 내심 존경한다.
2. 여성이라고 배달기사를 못 하라는 법은 없다. 용기를 내서 시작하면 된다.

쿠팡이츠로 얼마나 벌 수 있냐는 질문은 사실 의미가 없다. 내가 만난 쿠팡이츠를 전업으로 하는 배달기사들은 월 400만 원 정도를 벌었다. 보통 오전 11시 피크타임을 시작점으로 저녁 10시까지 일을 했다. 상당히 긴 시간이다. 여기서 수입을 더 늘리기 위해 저녁 10시가 아닌 새벽까지 일하는 배달기사를 만난 적도 있다.

그런데 전업으로 하는 배달기사들은 앱을 한 개만 이용하지 않는다. 대부분 두세 개 이상의 앱을 활용해서 배달 일을 한다. 예를 들어 쿠팡이츠에서 콜이 없을 때는 배달의 민족을, 필요할 때는 또 다른 배달회사를 활용한다. 배달기사들 가운데 오토바이 핸들 쪽에 여러 개의 휴대폰을 장착하고 다니는 것을 자주 보는데 이것은 여러 개의 배달회사 앱을 활용하기 때문이다.

오전 11시~오후 1시, 저녁 6시~저녁 8시 이렇게 두 번의 피크타임만 중점적으로 한다면 토요일과 일요일은 쉰다고 해도 대략 140만 원 정도의 수입을 올릴 수 있다. 이 피크타임을 놓쳐서는 안 된다. 피크타임이 지나면 배달비가 피크타임보다 낮은 금액으로 떨어진다.

직장인으로서 저녁 피크타임에 맞추어 일한다면 월 80만 원 내외의 수입을 올릴 수 있다. 토, 일요일은 쉬면서 말이다. 퇴근 후 6시 30분쯤 일을 시작해서 9시까지 일을 하면서 적금을 한 달에 80만 원 정도를 부을 수 있다면 도전해 볼 만 하지 않을까.

투잡으로 배달 일을 한다면 너무 돈에 욕심을 내지 않는 게 좋다. 돈에 욕심을 내다보면 같은 일을 하더라도 일이 힘들어지고 사고의 위험에 노출될 수 있기 때문이다. 1만 원을 벌더라도 감사하게 생각하는 마음을 갖는 것이 중요하다. 나도 가끔은 쿠팡이츠를 시작하면서 '오늘도 배달을 해서 얼마나 벌 수 있을까?' 이런 부정적인 생각이 들 때가 있다. 그럴 때는 '1만 원만 벌어도 어디냐.'라는 생각을 하면 즐거운 마음으로 일을 할 수 있다.

대리기사라면 오전 11시~오후 1시만 하고 쉬었다가 밤에 대리운전을 할 수도 있다. 물론, 저녁 피크타임 오후 6시~8시에 쿠팡이츠를 하고 바로 대리운전을 시작해도 된다. 사실 저녁 피크타임을 놓친다는 것은 아쉬운 일이다. 점심 피크시간만 할지 저녁 피크타임까지 일을 할지 그건 자신의 판단 아래 결정하면 된다. 피크타임에 두 타임을 모두 쿠팡이츠를 하고 대리운전을 하는 경우에는 시간과 체력안배를 자신에게 맞게 잘해야 한다.

참고로 쿠팡이츠를 주말은 쉬라고 이야기하고 있지만, 사실 주말에는 평일보다 콜이 더 많고 금액도 좋다. 일요일에는 더욱 그렇다. 평일에는 직장 때문에 저녁 시간만 하고 직장을 쉬는 토요일과 일요일에는 긴 시간 일을 해서 30만 원 이상을 버는 독한 배달기사를 만난 적도 있다. 그는 평일 저녁과 주말에 투잡으로 쿠팡이츠를 해서 월 350만 원을 벌고 있었다.

1. 일하는 시간에 따라 차이가 있을 수 있지만, 전업으로 하는 경우 대략 400만 원 정도 벌 수 있다.

2. 피크타임 오전 11시~오후 1시 / 오후 6시~오후 8시 피크타임을 놓치지 마라.

3. 투잡으로 하는 경우 오후 6시~오후 8시 전후로 일하는 시간을 잡는다.

4. 대리기사인 경우 피크타임에 쿠팡이츠를 하고 나서 대리운전을 한다.

쿠팡이츠에 대한 나의 단상

쿠팡이츠로부터 "띵똥!" 하고 알림음과 함께 1주일에 한 번씩 입금을 받았다. 그 문자를 받고 옆에 있던 친구에게 이렇게 말한 적이 있다.

"친구야, 나는 일주일에 한 번씩 월세가 들어온다."

쿠팡이츠에서 입금이 될 때면 부업이 아닌 전업으로 하고 싶어진다. 돈의 위력이리라. 심지어는 쿠팡이츠뿐만 아니라 배달의 민족이나 다른 것까지 두 개, 세 개를 한꺼번에 하려는 마음까지 먹었었다. 나의 탑 박스보다 두세 배나 큰 통을 달고 다니는 오토바이를 많이 보았다. 그럴 때마다 '왜 저렇게 큰 탑 박스를 달고 다니지? 설마 폼으로 달고 다니는 건 아닐 테고.' 하고 굉장히 궁금했었다.

빨간 신호대기에 걸렸을 때 나는 큼지막한 탑 박스를 두 개 달고 있는 젊은이에게 물어보았다. 그랬더니 배달회사를 하나만 하는 게 아니었다. 쿠팡이츠, 배달의 민족, 다배달 등 두 개, 세 개 업체의 배달을 하는 것이었다. 그것도 쿠팡이츠처럼 한 번에 한 군데만 배달하는 게 아니라 여러 곳의 배달을 한꺼번에 하기도 한다고 했다.

나는 그제서야 왜 그렇게 큰 탑 박스를 두 개씩이나 달고 다니는지 알게 되었다. 어려운 수학 문제를 푼 학생처럼 기뻤다. 나처럼 한 군데가 아닌 여러 개의 배달회사를, 그것도 여러 건의 주문을 받아서 한꺼번에 배달하려니 그렇게 큰 탑 박스를 두 개씩이나 달고 다녔던 것이다.

나는 낮과 저녁 피크타임에 '쿠팡맨'이 되어 쿠팡이츠를 하고, 밤에는 흑장미가 되어 대리운전을 하였다. 쿠팡이츠는 피크타임에야 1만 원짜리도 있고, 피크타임이 지나면 금액이 조금 떨어진다. 대리운전은 언제 하든 1만 2천원이 기본이다. 물론 정말 가까운 거리를 운행하는 콜은 1만 원짜리도 있다. 요즘은 1만 원짜리가 거의 없지만. 나는 그런 콜은 패스다. 왜냐하면 1만 2천원짜리 이상의 콜이 넘쳐나는데 굳이 1만 원짜리를 할 이유가 없다. 사실 쿠팡이츠와 대리운전과는 금액적으로 차이가 나는 것이 사실이다. 그러니까 쿠팡이츠는 오전과 오후 피크타임에 맞추어서 할 필요가 있다. 그리고 밤 8시 이후에는 대리운전에 집중한다.

낮과 저녁 피크타임에 쿠팡이츠를 하면서 돈도 벌고 행복했다. 그 행복은 오토바이 타는 걸 무척 좋아하기 때문이기도 하다. 그리고 쿠팡이츠를 통해 다른 경험을 하고, 골목골목에서 많은 젊은이들이 땀 흘려 음식을 만들고 묵묵히 일하는 모습을 보며 세상의 일면을 보든 듯했다.

꾸준히 하면 배달기사를 하는 것도 수입 면에서 그렇게 나쁘지 않다. 아니 생각했던 거보다 꽤 괜찮다. 월수입 4백만 원이면 그리 나쁘지 않다고 생각한다. 웬만한 가정이면 풍족하지는 못하나 안정적인 생활을 할 수 있을 것이다.

투잡으로 하는 경우도 저녁 피크파임에 일을 해서 월 80만 원을 벌 수 있다면 괜찮은 수입이라고 생각한다. 토요일과 일요일은 쉬면서 말이다. 수입을 늘리고 싶다면 토요일과 일요일에 좀 더 달리면 된다. 쿠팡이츠를 통해 수입을 늘리고 세상은 아는 만큼 더 벌 수 있다는 사실을 깨닫고 배울 수 있어서 좋았다.

6장 이런 손님 저런 손님

01 첫날 받은 팁

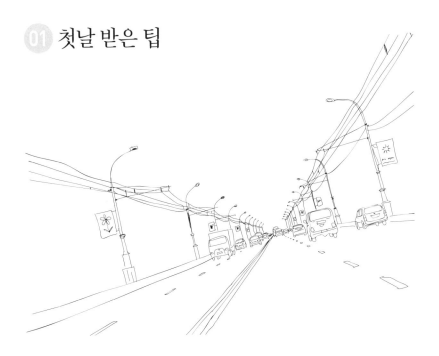

드디어 대리운전을 하는 첫날이다. 마치 첫날밤을 맞이하는 새신랑처럼 떨리고 두근거리는 마음으로 뒤차와 약속한 장소인 권선동 버스터미널 근처의 공터로 차를 몰았다. 아파트공사를 하다만 을씨년스런 분위기가 풍기는 곳이었다. 공터로 들어서자마자 입구에 서 있는 뒤차의 은색 구형 소나타가 보였다.

차로 가서 반갑게 인사를 하고 운전석 옆좌석에 앉았다. 뒤차는 무표정한 얼굴로 인사를 건넨다. 오후 7시가 다 되어가고 있었지만, 한여름의 열기가 차 안에 가득하다. 그는 내가 차를 타고 나니 그제서야 시동을 걸고 에어컨을 켰다.

그는 내 휴대폰을 달라고 하더니 대리앱을 켜고 큰 눈으로 휴대폰을 응시한 채 콜을 찾았다. 마땅한 콜이 없는지 시큰둥한 표정이다. 이제 막 대리운전을 시작한 나로서는 그 시큰둥한 표정을 보니 걱정이 앞섰다. 10분, 20분이 흘러가고 있는데도 여전히 마땅한 콜을 찾지 못하자 뒤차는 한숨 섞인 푸념을 늘어놓는다.

"오늘은 왜 이런 '똥콜'밖에 없는 거야."

나는 걱정스러운 마음으로 그런 그의 모습을 지켜볼 수밖에 없었다. 다시 10분 정도가 지났을까. 입질이 온 낚시꾼처럼 밝은 표정으로 바뀌더니 그가 큰소리로 외쳤다. 드디어 콜을 잡은 모양이다.

"앗싸! 이제 갑시다."

처음이라 그런 것일까. 왠지 술 취한 사람의 차를 대신 운전한다는 것이 어설프게만 느껴진다. 권선시장 주차장에 도착하여 손님의 차로 향했다. 검은색 구형 그랜저이다. 손님의 차에 타면서 어색함을 감추기 위해 경쾌하게 인사했다.

60대 초반으로 보이는 남자 손님은 얼굴이 빨갛고 술이 권하게 취해있었다. 출발해서 세류동까지 운전하면서 운전대를 잡은 손과 어깨에는 힘이 잔뜩 들어가고, 눈은 앞만 바라보며 마치 군대에서 대장 차를 운전하는 신병 같았다. 술 취한 사람을 태운다는 게 마치 외계인을 태우고 가는 심정이었다.

"손님, 이제 다 왔습니다."

도착지에 도착해서 막 주차를 하려던 참이었다.

손님이 나를 쳐다보며 귀가 따가울 정도로 큰 소리로 묻는다.

"여보시오. 대리기사님, 몇 살이오?"

아무리 대리기사라지만 초면에 불쑥 무슨 나이를 물어본단 말인가. 아무 말도 없다가 갑자기 나이를 물어서 당황스럽기는 했지만 나는 초등학생이 선생님에게 답하듯 초롱초롱한 말투로 대답했다.

"네, 54세입니다."

"어, 그래요. 나는 40대로 봤는데 생각보다 나이가 많네. 여기 팁이오."

내가 40대로 보이다니 나에게 무슨 작업을 거는 걸까. 나는 팁이라는 말에 눈앞에서 맛있는 고기를 본 개처럼 눈이 번쩍 띄었다. 여태 살면서 팁을 남에게 주어 본 적은 있지만, 팁을 받아보는 건 오늘이 처음이다.

팁이라고 준 돈을 본 순간, 나는 내 눈을 의심했다. 요모조모 살펴보아도 천원짜리 한 장이었다. 초등학생에게 주는 세뱃돈도 1만 원이 넘는데 팁으로 천원을 주다니 이걸 받아야 하나 말아야 하나 싶었지만, 손님이 주는 팁을 마다 할 수는 없었다.

감사하다는 인사말과 함께 천원짜리 팁을 받았다. 그리고 이렇게 외치고 싶었다.

'손님, 만 원짜리로 바꿔주시면 안 되겠습니까?'

02 제발 이제 그만 합시다

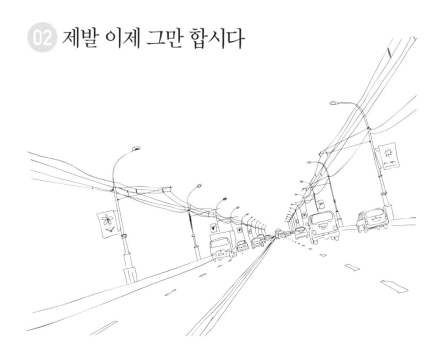

2인 1조로 대리운전을 시작할 수 있게 해준 뒤차는 수렁에 빠진 내 인생을 건져준 고마운 사람임이 틀림없다. 하지만 대리운전을 시작하면서 나를 가장 힘들고 지치게 한 사람도 다름 아닌 뒤차였다.

동탄 ○○아파트 주차장에서 일을 마치고, 뒤차를 타고 주차장을 빠져나왔다. 볼일을 보기 위해 차를 잠깐 멈추어달라고 하고 아파트상가 화장실을 다녀왔다. 뒤차의 얼굴이 오랑우탄처럼 일그러져 있다. 내 휴대폰으로 계속 콜을 보고 있던 뒤차는 마땅한 콜이 없어서 화가 난 줄 알았지만 그게 아니었다.

"아니 무슨 놈의 화장실을 그렇게 자주 가나."

초가을 밤이건만 뒤차의 그 말을 듣는 순간, 내 고추가 얼어버리는 것만 같았다.

"아, 죄송해요. 아직 초보라 제가 좀 긴장을 했는지 화장실을 자주 가네요."

화장실에 갔다 온 게 죄송하기는 뭐가 죄송하다는 말인가.

예상했던 대로 동탄에는 마땅한 콜이 없어서 수원 쪽으로 나오면서 콜을 잡아야 했다. 5분쯤 차를 달렸을까. 뒤차가 갑자기 차를 대로변에 세우더니 으슥한 구석의 큰 가로수로 성큼성큼 걸어간다. 그러더니 대로변에서 볼일을 보는 게 아닌가. 일하는 중에는 항상 콜을 잡기 위해 내 휴대폰을 들고 다니는데 한 손으로 휴대폰을 들고 엉거주춤한 자세로 볼일을 보다가 손에 오줌이 묻자 그냥 몇 번 털더니 자신의 바지에 그 손을 쓱쓱 문지른다. 그리고 나서는 다시 그 손으로 휴대폰을 만지는 게 아닌가.

그걸 보고 있노라니 내 입에서는 '내 휴대폰은 완전 오물통이구나.' 하는 탄식이 흘러나왔다. 콜이 잡히면 나는 그 휴대폰으로 손님에게 전화를 걸어야 한다. 5분 전에 나에게 화장실을 자주 간다며 핀잔을 주더니 자기는 아무리 밤늦은 시각이라지만 길거리에서, 그것도 대로변에서 볼일을 본다는 말인가. 나도 똑같이 욕을 해주고 싶었지만, 뒤차에 감히 그럴 수는 없는 노릇이다.

뒤차가 다시 차에 타고 바로 동탄에서 수원행 콜을 잡았다. 대리비는 2만 원밖에 안 되지만 수원까지 빈 차로 나가는 것보다는 백배 낫다. 콜을 잡는 순간 오랑우탄 같던 뒤차의 표정은 천사로 바뀐다. 천상에서 가장 못생긴 천사. 뒤차는 휴대폰을 나에게 넘기고 두 손으로 핸들을 잡고 달리기 시작했다. 뒤차의 오줌이 묻은 휴대폰을 내 손에 쥐는데 마치 뒤차의 고추를 쥔 것처럼 기분이 더럽다. 나는 시트에 몸을 깊숙이 묻고 잠시 눈을 감았다. 잠시나마 내가 대리기사라는 사실을 잊기 위한 것처럼. 그런데 갑자기 잠시 후 뒤차의 불호령이 떨어졌다.

"지금 뭐 하는 거예요. 얼른 손님에게 전화해야지."

나는 깜짝 놀라 눈을 뜨고 오물통으로 손님에게 전화를 걸었다. 뒤차의 호통으로 화가 나고, 기분은 우울했지만 밝고 경쾌한 목소리로 전화를 했다.

"안녕하세요? 대리기사입니다. 동탄 ○○○아파트 몇 동으로 가면 될까요?"

전화를 끊고 뒤차에게 동탄 ○○○아파트 ○○○동 쪽으로 가시면 된다고 말을 하는 순간, 다시 뒤차의 성난 얼굴을 보아야 했다.

"내가 몇 번을 말해야 알아들어요. 분명히 말했을 텐데. 손님에게 꼭 차 시동을 걸어놓고 비상등을 켜두게 얘기하라고."

더는 참지 못하고 내 눈에는 아침 이슬 같은 눈물방울이 덩그렇게 맺혔다. 나는 흐르는 눈물을 억지로 참으며 뒤차에 큰소리로 외치고 말았다.

"김형, 제발 이제 그만 합시다."

그 후로 한 달 정도가 지나고 뒤차의 갑질을 더 이상 견딜 수 없어 결국 뒤차와 결별하고 홀로서기를 해야만 했다.

03 로또 1등 번호

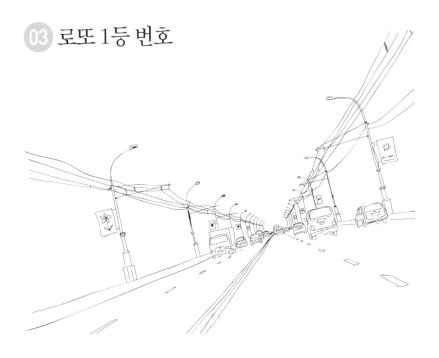

대리운전을 하다 보면 다양한 사람을 만나고, 그들과 많은 이야기를 나누게 된다. 아무에게나 말할 수 없는 사연을 대리기사에게 하는 경우도 있다. 어차피 다시 볼 사람도 아니고, 자신에게 들은 이야기는 다른 데 전달할 사람도 아니니 자신의 답답한 속내를 훌훌 털어놓은 것이다. 거기에다 술도 한잔 들어갔겠다, 더욱 자연스럽게 속내를 말하게 된다.

화서동에는 잘 들어가지 않는다. 하지만 콜이 없을 때는 '꿩 대신 닭'이라고 가끔은 화서동으로 들어가는 경우가 있다. 그날도 화서동 블루밍 푸른숲아파트에 손님을 내리고 곧바로 화서오거리 쪽으로 나왔다. 이쪽으로 나와야 그나마 콜을 쉽게 잡을 수 있기 때문이다. 여기서 10분 정도 콜을 기다리다 없으면 인계동까지 달려야 할 판이다.

화서동 ○○아파트에서 세류동 가는 콜이 눈에 들어온다. 순간 망설였다. 가깝고 좋은 콜이지만 ○○아파트는 주차장이 복잡해서 손님 차를 빼서 나오는데 잘못하면 한나절이 걸릴 수가 있다. 주차장이 좁아서 2중, 3중으로 주차를 해놓은 곳이기 때문이다. 심지어는 어떻게 차를 이렇게 주차할 수 있나 싶을 정도로 차를 마치 성냥갑처럼 다닥다닥 붙여서 주차해놓아서 나를 깜짝 놀라게 한 적도 있다.

'설마 거기 가서 죽기야 하겠냐.'라는 오기로 낚시꾼처럼 얼른 콜을 낚아챘다. 손님에게 전화하고 ○○아파트로 향했다. ○○아파트로 달리면서 콜을 잡은 것을 후회했다. 죽기 살기로 갔다가 정말 죽는 게 아닌가 하는 걱정이 앞섰다. ○○아파트에 갔다가 주차장을 빠져나오지 못해 결국 콜을 포기한 적도 있지 않은가. 하지만 손님에게 전화까지 했으니 콜을 뺄 수도 없는 노릇이다.

"안녕하세요? 대리기사입니다. ○○아파트 입구입니다. 어디로 갈까요?"

"아파트로 들어가지 마시구요. 입구 앞에 ○○치킨집에 있어요."

'오우, 이렇게 고마울 수가.'

뒤를 돌아보니 ○○치킨집 앞에서 손님이 손을 흔들고 있다. 처음부터 ○○아파트 앞에 있다고 얘기해 주었으면 편한 마음으로 왔을 텐데 하는 아쉬움과 아파트주차장으로 들어가지 않아도 된다고 하는 기쁨이 서로 교차했다.

　손님 차는 은색 스타렉스였다. 50대 중반의 호리호리한 체격에 조금은 신경질적으로 생긴 남자였다. 나이는 나와 비슷해 보였다. 차를 보니 건축일을 하는 사람인 것 같다. 같은 류의 차라도 카니발은 승용차로도 사용하는 사람이 있지만, 스타렉스를 타는 사람은 대부분 업무용이다. 그것도 건축일을 하는 경우가 많다. 도배 장판이나 미장일 같은······.

　차 키를 받고 시동을 걸었다. 짐칸에 실린 물건을 보니 도배 장판 일을 하는 사람이다. 옷차림을 보니 오늘도 도배 장판 일을 끝내고 동료들과 술을 한잔하고 집으로 가는 모양이다. 건축일을 하는 사람들은 힘든 노동을 하고 나면 지친 몸과 마음을 술로 푸는 경우가 많다.

　"세류동 어디로 모실까요?"

　긴 한숨과 함께 마치 패잔병처럼 ○○아파트라고 낮은 목소리로 말한다. 술을 많이 마셔서 기운이 없는 거로 생각했다. 뚱뚱한 판다 같은 스타렉스의 액셀러레이터를 밟고 출발했다.

　"사장님은 대리기사 한 지 얼마나 됐어요?"

　대부분 손님이 대리기사인 나를 사장님이라고 부른다. 이런저런 얘기를 하면서 가고 있는데 어찌 하다 보니 로또 이야기가 나왔다.

　"저는 거의 매주 로또를 사는데요. 요즘은 5등도 안 돼요."

　정말 요즘은 5등도 안 돼서 짜증이 날 지경이다. 로또 이야기가 나오자 손님의 눈동자가 그네처럼 흔들렸다. 갑자기 고개를 숙이더니 차 바닥이 꺼질 듯이 큰 한숨을 내뱉는다. 고개를 들고 양쪽 미간을 찡그리며 작심

한 듯 이야기를 꺼낸다.

"제가 9년 전에요. 한번은 로또 번호를 적어서 주머니에 넣고 다녔어요."

분위기가 무거워지기 시작했다. 그 목소리가 깊은 산중에 있는 절에서 들리는 범종처럼 울려왔다.

"그날 로또를 사려고 했죠. 그런데 내일 일을 나가는데 도구 사는 걸 깜빡 잊은 거예요. 주머니에 2만 원이 있었어요. 도구를 사고 나니 딱 맞는 금액이었죠. 결국 로또를 사지 못했어요."

가마솥에서 국이 펄펄 끓는 소리가 난다. 마치 오케스트라에서 클라이맥스로 다가가고 있는 느낌이 들었다. 지휘자가 격하게 지휘봉을 흔들고 음악은 점점 커지고 있었다.

"그 주 토요일에도 일을 끝내고 어느 식당에서 밥을 먹으며 혼자 소주를 한잔하고 있었어요. 티브이에서 로또 당첨번호가 나오는 겁니다. 그냥 아무 생각 없이 주머니에 있던 종이를 꺼내 보는데 거기 적힌 번호가 1등 당첨이 된 겁니다."

나는 마치 내가 겪은 일처럼 온몸에 소름이 돋았다. 흥분해서 브레이크를 잡고 차를 세워야 할 지경이었다. 하지만 차는 계속 달렸다.

"그 일이 있고 거의 7년 동안을 폐인으로 살았어요. 처음에는 매일 밤술을 마시고 정신을 잃고 잠들기도 했어요. 그래도 사람이 죽으란 법은 없네요. 7년이 지나니까 점점 잊히더라고요. 지금은 그냥 잊고 삽니다."

잊고 산다고 말은 하고 있었지만 그 말을 하고 있는 그의 심장에서는 피가 끓고 있는 것 같았다. 영화나 드라마에서나 나올 법한 일이다.

'내가 이런 일을 겪었다면 과연 견디어 낼 수 있었을까?'

손님을 내리고 전동휠을 타고 이름 모를 밤거리를 달렸다. 어둠이 나를 껴안고 살랑거리는 바람이 볼을 간지럽힌다. 전동휠을 달려 로또 가게로 갔다.

"자동으로 5천원짜리 한 장만 주세요."

04 이혼하셨어요?

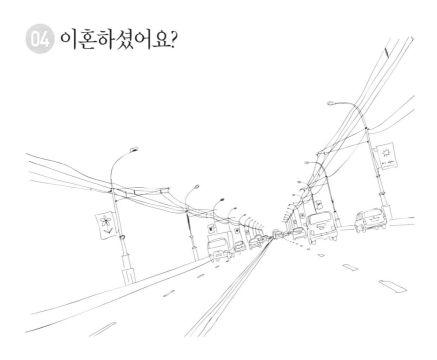

대리운전을 하면서 손님 차에서 좋아하는 노래가 나오면 화면에 나오는 제목을 휴대폰으로 사진을 찍는 버릇이 있다. 그리고는 일을 마치고 집에 와서 그 음악을 듣고는 했다.

그를 태운 건 권선동 어느 주택가였다. 40대 초반의 조금은 겉늙어 보이는 인상이었다. 자신보다 나이가 좀 더 들어 보이는 형님과 함께 탔다. 차는 은색의 BMW520이었다. 둘이 얘기하는 걸 들어보니 나이가 더 들어 보이는 형님은 중국집 사장이었다. 그리고 손님은 그 중국집의 주방장이었다. 중국집 사장은 한 개를 운영하다가 막 한 개를 더 오픈해서 그에게 맡기려고 하고 있었다. 그 얘기를 들으니 손님이 대단한 사람으로 보였다. 실력 있는 주방장이리라. 중국집 사장님인 형님도 대단한 사람이다. 요즘 같은 시국에 가게를 하나 더 오픈하다니…….

10분 정도 운행을 했을까. 중국집 사장님은 도중에 내려달라고 했다. 둘이서 도착지인 영화동으로 향했다. 셋이 있다가 둘이 있으니 그와 자연스럽게 이런저런 얘기를 하게 되었다. 마치 둘이 있기를 기다렸던 것처럼. 그런데 차에서 흘러나오는 노래를 듣고 흠칫 놀랐다. 내가 직접 PC로 편집을 해서 한 시간이나 연속 듣기를 하고 있는 바비킴의 '일 년을 하루같이'가 흘러나오고 있었다. 다음 곡은 이문세의 '광화문연가.' 이 노래 또한 내가 굉장히 좋아하는 노래이다. 나는 이문세의 팬이다.

좋아하는 노래가 연속해서 나오자 대화를 하는 것이 귀찮아졌다. 내가 대화에 뜸을 들이자 그가 눈치를 챘는지 함께 음악 듣기에 열중하게 되었다. 이문세의 노래가 끝나고 내가 말했다.

"저, 죄송하지만 이 앞의 노래 좀 한 번 더 들어도 될까요?"

바비킴의 '일 년을 하루같이'를 더 듣고 싶다는 얘기였다. 손님에게 이런 부탁을 하는 것도 처음이다. 바비킴의 노래와 이문세의 노래가 끝나고 다음 곡이 흘러나왔다. 그 노래를 듣고 온몸에 소름이 돋는 전율을 느꼈다. 정선연의 '고독'이 흘러나오고 있었다. 처음 듣는 노래가 이렇게 마음을 흔들고 가슴을 뛰게 할 수 있을까.

핸들을 잡은 손끝이 떨려올 정도였다. 어쩌면 이렇게 이 손님과 나의 음악 취향이 같을 수 있을까. 나는 휴대폰을 만지작거리며 얘기했다.

"죄송합니다만 이 노래 제목 좀 찍어도 될까요?"

안된다고 하는 사람은 없겠지만 그래도 묻는 게 예의다. '고독' 다음에는 계속해서 정선연의 곡이었다. 나는 계속해서 정선연의 곡 제목을 찍었다. 당연히 제목을 알아두기 위해서였다. 그때 못내 쓸쓸한 표정으로 그가 말했다.

"기사님, 혹시 이혼하셨어요?"

나는 너무 놀라서 이게 도대체 어디서 들려오는 소리인지 분간할 수가 없었다. 이 사람이 내가 이혼했는지 어떻게 안단 말인가. 내 얼굴에 홀아비라고 쓰여 있기라도 하단 말인가. 나는 어두운 표정으로 얼굴을 한 손으로 쓱 문질렀다. 마치 얼굴에 이혼남이라고 쓰여 있는 글씨를 지우기라도 하듯이.

"아니, 그걸 어떻게 알았어요?"

나는 도둑질을 하다 걸린 사람처럼 너무 놀라고 가슴이 콩닥거려서 말을 잇지 못했다. 그가 쓸쓸한 미소를 지으며 말했다.

"그러니까 이런 노래를 좋아하죠."

그의 사연인즉 사랑하는 연인이 있었고, 동거를 몇 년간 했다고 한다. 그런데 어느 날 친구에게 "지금 영화를 보러 극장에 와 있다. 그런데 네 애인이랑 친구 동철이가 내 앞쪽에서 영화를 보고 있다."라는 전화를 받았단다. 결국 그는 친한 친구에게 연인을 빼앗기고 만 것이다. 그녀와 헤어지게 되었지만 몇 년이 지난 지금까지도 헤어진 애인을 잊지 못하고 있단다. 그만큼 그녀를 사랑했다며 더욱 슬픈 얼굴이 되었다.

그의 말을 들으면서 마치 내 일인 양 숨이 막혀왔다. 사랑하는 친구와 애인을 함께 잃어버린 한 마리 슬픈 사슴 같은 남자가 지금 내 곁에 있다. 운행을 마치고 대리비를 받았다. 무슨 위로의 말이든 하고 싶었지만 아무 말도 할 수 없었다. 전동휠을 타고 막 출발하는데 나를 불러 세웠다.

"지금 새벽 1시가 넘었는데 배고프시죠. 이거 제가 만든 짬뽕인데 집에 가져가서 드세요."

트렁크에서 큰 비닐봉지를 꺼내 준다. 크기로 봐서 3인분은 될 거 같았다. 나는 부끄러움 없이 감사하다는 인사말을 하고 얼른 받아들었다. 영화동에서 집까지 한 손에 짬뽕이 담긴 비닐봉지를 들고 전동휠을 타고 왔다. 짬뽕 3인분을 들고 다니며 일을 할 수는 없었다. 집에 와서 비닐봉지를 열어보니 짬뽕 국물과 면이 두 개로 따로 포장되어 있었다. 냄비에 짬뽕 국물을 붓고 가스레인지에 불을 켰다.

국물이 데워지는 것을 기다리며 유튜브에서 정선연의 '고독'을 검색했다. 정선연, 그는 내가 아는 한 '고독'과 어떤 '한'을 가장 애절하게 잘 표현하는 가수이다. 그의 노래가 송곳이 되어 나의 폐부를 아주 깊숙이 찌르고 있었다.

05 119에 실려 가다

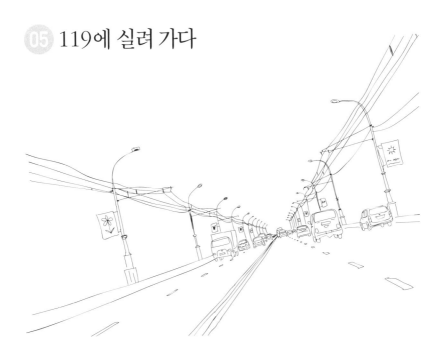

내일이면 아들을 만난다는 사실에 가슴이 설렌다. 아들을 만나는 게 한 달만인가, 두 달만인가. 너무 오랜만에 만나는 거라 잘 기억이 나질 않는다. 시계를 보니 12시가 다 되어간다. 내일은 아들을 만나야 하니 이만 끝내고 들어가자. 그래도 마지막으로 한 콜만 더하겠다는 욕심이 생긴다.

마지막 콜이니 기왕이면 15,000원짜리를 잡아야지. 마침 영화초등학교 근처에서 화서동까지 가는 15,000원짜리 콜이 눈에 들어온다. 날쌘 고양이처럼 콜을 낚아챘다.

"안녕하세요? 대리기사입니다. 영화초등학교 어디로 가면 될까요?"

영화초등학교 정문 앞으로 오란다. 내가 있는 동수원사거리에서 영화초등학교까지 가려면 먼 거리라 부지런히 달려야 한다. 말에 채찍을 가하듯 발에 힘을 주어 전동휠을 달렸다. 이제 내일이면 아들을 만날 생각을 하니 나도 모르게 입가에 미소가 피어난다. 나는 8차선 대로변 끝자락을 그렇게 내일이면 아들을 만난다는 설렘을 안고 달렸다. 동수원사거리를 지나 우회전을 해서 지동사거리를 향해 힘차게 달리고 있었다.

갑자기 내 몸이 붕 뜨는 것 같더니 땅이 휙 하고 나를 덮친다. 너무 순식간이라 나는 꿈인지 생시인지 분간할 수 없었다. 도로 한 모퉁이에 조그만, 아주 조그맣게 패인 곳을 못 보고 지나다가 엎어져 그대로 도로에 헤딩하고 만 것이다. 눈앞에 하얀 안개가 한없이 펼쳐진다.

'아~ 여기가 어디지? 내가 꿈을 꾸고 있는 건가?'

여전히 이게 꿈인지 생시인지 모르겠다. 그냥 마치 구름 위를 걷는 기분이다. 아무렇지도 않은 듯 전동휠을 지팡이 삼아 일어나서 걸어 보았지만 소용없었다. 다시 그대로 앞으로 꼬꾸라지듯 쓰러지고 말았다.

'이상하다. 내 몸이 왜 이러지?'

그때 길가는 젊은 청년이 휴대폰으로 어디론가 전화를 하는 모습이 뿌옇게 보였다. 119에 전화를 하는 것 같았다.

'무슨 사고가 났나?'

잠시 후 구급차가 도착하고, 거기에 실려 가는 사람은 다름 아닌 나였다. 간호사 같은 여자가 뭔가 질문을 하는 거 같은데, 무슨 소리인지 알아들을 수가 없다. 아무래도 발을 움직여 보라는 것 같다.

'그런 거쯤이야.'

발을 움직여 보여주고 싶은데 잘되지 않는다. 간신히 발을 움직여 보여준다.

"보호자 분 성함이랑 전화번호 좀 알려주세요."

뭔가 말을 하고 싶은데 입이 움직여 주질 않는다.

"서류상 꼭 필요하니 말씀해주셔야 합니다."

마라톤을 하듯 가쁜 숨을 몰아쉬며 나는 더듬더듬 말했다.

"유… ○…… ○, 010-○○○○-○○○○……."

어딘가에 내가 말한 이름과 전화번호를 적는 거 같다. 순간 나는 뭔가 잘못되었음을 깨달았다.

"저, 그런데 그 사람과 이혼했거든요."

나는 간호사에게 내가 이혼한 사실을 자랑스럽게 이야기했다.

"이혼하신 분은 보호자가 될 수 없습니다. 자녀분~~~?"

그다음부터는 무슨 얘기를 들었는지, 내가 무슨 대답을 했는지 기억이 나지 않는다. 내 얼굴은 마치 토마토 토핑을 잔뜩 얹은 피자처럼 상처로 피범벅이 되어있었다.

내가 도착한 곳은 아주대병원 응급실이었다. 코로나 시국인데도 여기는 시끌벅적하게 장사진을 이루고 있다. 응급실의 침대로 가기 전에 퍼뜩 이런 생각이 머리를 스친다.

'이 깨진 이마를 응급실에서 꿰매면 흉터가 많이 남게 된다.'

나는 응급실에 있는 간호사에게 몇 시간 안에 이마를 꿰매야 하는지 물었다. 24시간이라고 한다. 내일이 일요일이기는 해서 좀 불안하기는 하지만 잘 찾아보면 성형외과에서 이마를 꿰맬 수 있으리라는 생각에 그냥 응급실을 나오기로 했다. 집에 가야 하는데 걸음을 제대로 걸을 수가 없다. 다리가 문제가 아니라 정신이 몽롱한 게 문제였다. 이마가 깨진 덕분이리라. 나도 모르게 전처에게 전화하고 있었다.

"난데 미안하지만 사고를 당해서 아주대병원 응급실에 있어. 집에 가야 하는데 걸음을 걸을 수가 없네. 좀 와주면 안 될까?"

전화기 너머 전처의 목소리를 듣고, 나는 시베리아 벌판에 홀로 서 있는 느낌이 들었다.

"무슨 소리야. 그냥 택시 타고 가면 되지. 다시는 이런 전화하지 마!"

그 말을 듣는 순간 몽롱했던 정신이 확 깨고 말았다. 얼굴은 잔뜩 피투성이고, 이마는 좀비처럼 붕대를 감고 나는 간신히 걸어서 병원 밖으로 나와서 택시를 타고 집으로 향했다. 내일이면 아들을 만날 수 있다는 부푼 기대와 설렘은 바람 빠진 풍선처럼 날아가 버렸다.

다음 날 얼굴에 상처와 씨름하며 누워있는데 전처에게 전화가 왔다.

"그래도 걱정이 되어서 아이들 데리고 아주대병원 응급실로 갔었는데 없더라."

전화를 끊고 그냥 응급실에 누워있었더라면 아이들을 볼 수 있었을텐데 하는 아쉬움과 이런 모습을 아이들에게 보여주지 않아 다행이라는 두 가지 생각이 서로 교차했다.

06 지금 날 죽이려는 거지

밤 11시 40분이 넘어가고 있다. 잘못하면 여기 안산에서 수원 가는 콜을 잡지 못하는 게 아닌가 하는 불안감이 파도처럼 밀려온다.

'수원 시내 콜이나 탈걸. 11시가 넘어서 안산을 오는 게 아니었는데 실수한 거야.'

혹시나 하는 마음에 콜을 잡을 수 있는 반경을 2.5킬로미터에서 5킬로미터로 늘렸다. 지금은 5킬로미터에서 수원 가는 콜이 뜬다고 해도 달려가야 할 처지이다. 반경을 좀 더 넓게 잡은 효과가 나타났다. 5킬로미터로 반경을 설정하고 나자 바로 4.5킬로미터 지점에서 수원 세류동으로 가는 콜이 뜬다. 금액은 2만 5천원이다. 지금 금액은 아무래도 좋다. 공

짜라도 태우고 갈 판이다. 떨리는 마음으로 바로 콜을 눌렀다. 다른 대리기사에게 빼앗긴다면 말 그대로 절망일 뿐이다. 다행히 콜이 나에게 배정되었다. 나도 모르게 큰 한숨이 나온다.

"안녕하세요? 대리기사입니다. 와동주민센터 쪽으로 가면 됩니까?"

전화를 거는 목소리가 떨리고 있었다. 반경 4.5킬로미터에서 잡은 콜이지만 실제 거리는 5.5킬로미터였다. 출발지인 와동주민센터로 쏜살같이 달려갔다.

와동주민센터 근처에서 손님을 만났다. 파란색 낡은 다마스였다. 낡은 차만큼이나 삐쩍 마른 몸에 허름한 옷차림이다. 아무튼 나를 수원까지 데려다줄 고마운 손님이다. 키를 받고 시동을 걸었다. 다마스는 기어가 자동이 아닌 수동이다. 뒷좌석에 술에 취해 아예 대자로 누워 버리는 손님을 보며 '수원까지 조용히 가겠구나.'라는 생각을 했다.

안산이라는 감옥에서 탈출(?)하는 기분이다. 기쁜 마음으로 운전을 하며 가고 있었다. 그런데 갑자기 "야, 인마!" 하고 크게 외치는 굵은 목소리가 들려온다. 손님은 분명히 술에 취해 자고 있는데 이게 무슨 소리인가. 내가 꿈을 꾸고 있는 건가. 나는 계속 아무 일도 없었다는 듯이 운전에 집중하며 수원으로 달려갔다.

"야, 인마. 지금 어디를 가고 있는 거냐구?"

이건 분명히 뒤에 있는 손님이 나에게 하는 소리였다. 뒤에서 술에 취해 자고 있던 손님이 일어난 것이다. '오늘 술 취한 손님을 제대로 만났구나.' 하는 생각이 들었다.

"네, 손님 댁으로 가고 있는 중입니다."

내 말을 듣고 손님은 더욱 성난 목소리로 이야기했다.

"야, 이 새끼야. 지금 우리 집으로 가는 길이 아닌데. 나를 어디로 데려가서 죽이려고 하는 거지?"

그 말을 듣는 순간 온몸에 소름이 돋았다. 아니 내가 손님을 어디로 데려가서 죽인다니 도대체 무슨 소리인가. 그리고 지금 나는 수원 세류동으로 제대로 가는 중이다. 끔찍한 술주정이다. 이 정도면 집에 도착해서 대리비를 받는 것도 어렵겠다는 생각이 들었다.

"야, 이 자식아. 날 왜 죽이려고 하는 거야? 말해봐!"

정말 이 손님을 어디로 데려가 죽여서 묻어 버리고 싶은 심정이다. 계속 잠이나 잘 것이지 도대체 왜 이런단 말인가.

"어, 이 새끼 봐라. 말 안 해. 날 죽일 거야, 말 거야. 날 죽일 거잖아?"

답답한 마음에 나도 똑같이 목청을 높여서 대답했다.

"전 당신을 죽이지 않습니다!"

말하고 나니 어처구니없는 상황에 나도 모르게 피식 웃음이 나왔다. 그런데 내가 웃는 모습을 보고는 더욱 크게 화를 내는 게 아닌가.

"어, 이 새끼 봐라. 지금 비웃었지. 그렇게 나를 죽이고 싶어. 안 되겠다. 경찰서로 가자."

이 사람 말대로 경찰서로 갈까 생각해 보았지만, 경찰서로 갈 만큼 지금 심각한 문제가 있는 건 아니다. 그나마 다행인 건 이상한 소리는 해도 나에게 폭력을 쓰지는 않았다. 세류동 집에 도착할 때까지 이런 막말과 욕설은 계속 되풀이되었다. 그런데 신기하게도 성난 짐승 같았던 사람이 집에 도착해서는 순한 양이 되었다. 대리비도 선선히 내주었다. 안산에서 수원까지 무사히 올 수 있도록 해준 고마운 손님이기에 대리비를 받고 90도로 폴더 인사를 했다.

"감사합니다. 편한 밤 되십시오."

자신의 집으로 들어가는 그의 뒷모습이 왠지 처량하게 보였다. 이제 나도 집으로 가야 할 시간이다.

07 대리비를 네 번 받다

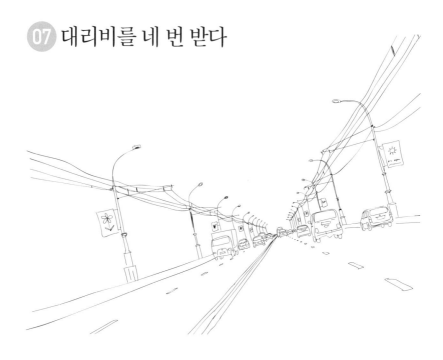

　매탄공원 앞 골목에 있는 ○○포차에서 신동 ○○○까지 가는 1만 5천 원짜리 콜을 잡았다. 매탄공원에서 신동 ○○○이면 10분 이내로 갈 수 있는 상당히 가까운 거리이다. 그런 콜이 1만 5천원이면 '꿀 콜'이다. 가깝고 좋은 금액의 콜을 꿀 콜이라고 한다.

　○○포차에 들어가 "대리기사 부르신 분!" 하고 큰소리로 외쳤다. 대리운전을 시작하고, 식당에 도착해서 나 혼자만 들을 수 있는 작은 목소리로 '대리기사 부르신 분!'이라고 외쳤던 걸 생각하면 장족의 발전이다. 둥그런 식탁에 옹기종기 모여있던 사람 중에 60대 초반의 남자 한 명이 비틀거리며 일어난다. 이미 술에 많이 취해있었다. 굶주린 매처럼 매서운

눈으로 날 쳐다보며 나에게 오고 있다.

"안녕하세요? 대리기사입니다."

여전히 비틀거리며 마치 부하에게 하듯이 얘기한다.

"니가 대리기사냐?"

거만한 모습으로 차 키를 건넨다. 밖으로 나와서 버튼을 누르니 바로 앞에 있는 차가 깜빡거리며 삐 소리와 함께 문이 열린다. 은은한 청색의 흔히 볼 수 없는 고급외제차 아우디 A8이었다. 차에 타고 시동을 걸었다. 시동 거는 소리가 전쟁을 알리는 북소리처럼 들린다.

"야, 인마. 이 새끼야. 너 운전 똑바로 해."

자신이 무슨 조폭 두목인 양 명령하는 투로 거칠게 말한다. 하지만 나는 오히려 하는 짓이 귀엽다고 생각했다. 욕을 노랫가락으로 들으며 액셀러레이터를 천천히 밟으며 출발했다.

"야, 너 인마. 어디로 갈 거야?"

아니 이건 또 무슨 소리인지. 어디로 갈 건지를 대리기사인 나에게 묻다니. 나는 밥을 먹다 돌을 씹은 표정으로 신동 ○○○으로 간다고 대답했다.

"이 새끼야, 거기가 어딘데?"

어이 상실. 나는 "손님 댁입니다."라고 가볍게 웃으면서 대답했지만 차 안의 분위기가 얼음창고처럼 냉랭하다. 갑자기 주머니를 뒤지기 시작한다. '왜 갑자기 주머니를 뒤지지?' 의아해하고 있는데 그가 말했다.

"야 인마, 대리비 얼마냐?"

욕을 안 하면 말이 안 나오는 사람인가 보다. 나는 1만 5천원이라고 이야기하고 2만 원을 주길래 5천원 거스름돈을 준비하려는데 그가 말했다.

"됐다. 이놈의 새끼야."

팁을 받게 된 거는 고맙지만 목구멍까지 뭔가 뜨거운 것이 올라오고 있었다. 대리운전하면서 나만의 철칙 첫 번째가 술 취한 손님을 상대로 절대 싸우지 않는다는 것이다. 나는 지금 그 철칙을 잘 지키고 있다. 일찍 도착해서 이 물건을 떨어뜨리고 싶은 심정뿐이다. 신동 ○○○ 주차장에 도착했다.

"손님, 도착했습니다."

"야, 인마. 대리비 얼마냐?"

나는 순간 내 귀를 의심했다. 아니 분명히 조금 전에 대리비를 주지 않았던가. 나는 오기가 발동했다. 오는 내내 욕을 얻어먹었는데 이건 대리비가 아니라 욕을 한 값이다. 나는 2만 원을 받았다.

"야, 이 자식아. 너 말야. 차를 바꾸어 타고 다시 거기로 갈 수 있냐?"

욕을 먹은 걸 생각하면 네가 끌고 가라고 하고 싶었지만 나는 당연히 갈 수 있다고 했다. 그는 자신의 아우디 A8을 주차하고 1톤 트럭을 끌고 ○○포차로 다시 가자고 했다. 아우디 A8와 1톤 트럭은 어울리지 않았지만 그건 나와 상관없는 일이다. 1톤 트럭을 타고 시동을 걸었다. 그가 또 물었다.

"대리비 얼마냐? 이 새끼야."

이제는 욕이 뒤에 나온다. 나는 1만 5천원이라고 말했다. 출발하면서 역시 2만 원을 준다. 나는 거스름돈을 줄 생각도 하지 않고 출발했다. 다행히 그는 출발하자마자 다시 술에 취해 곤히 잠이 들었다. 가는 도중에는 그에게 욕을 먹지 않아도 된다. ○○포차 앞에 도착해서 그를 깨웠다.

"응, 다 왔냐? 그래, 이 새끼 대리비 줘야지. 얼마냐?"

정말 대단한 욕쟁이를 만났다. 욕보다 그의 매서운 눈빛이 더 공포스러웠다. 나는 2만 원을 받고 운행을 마쳤다. 원래 받아야 할 대리비는 두 번인데 네 번을 받았다. 두 번은 대리비가 아니라 욕 값으로 생각했다.

전동휠을 타고 대로변으로 나왔다. 나는 다시 목마른 사슴처럼 이 어두운 밤거리를 헤매고 다녀야 한다.

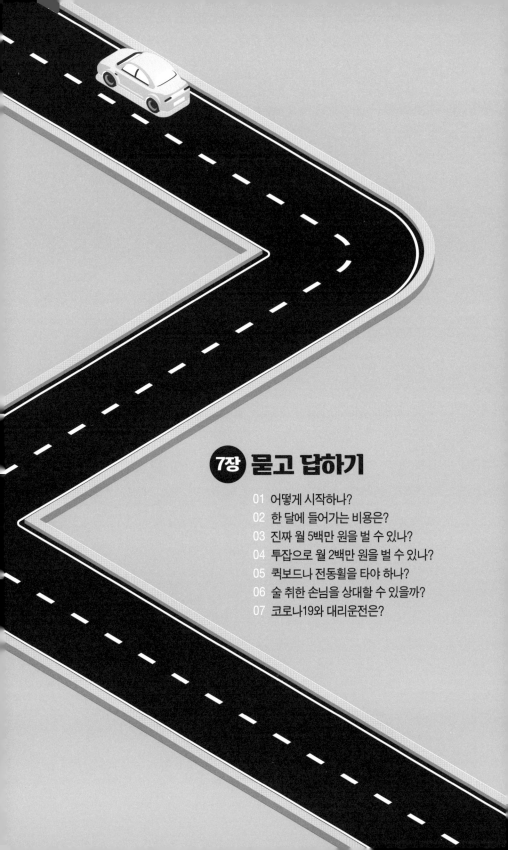

7장 묻고 답하기

⓪① 어떻게 시작하나?

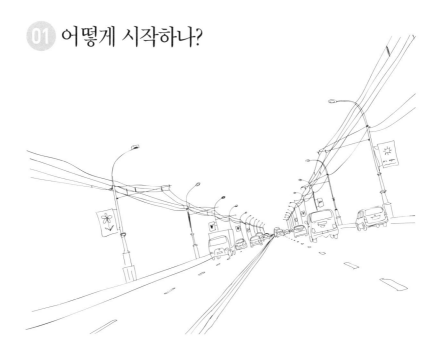

  사실 대리운전을 하는 것은 방법론의 문제가 아니다. 방법은 너무 간단하다. 가까운 대리회사를 찾아가서 "저 대리운전을 하고 싶습니다." 이렇게 한마디만 하고 대리회사에 주민등록증이나 운전면허증만 건네주면 그걸로 만사오케이다. 다시 말해서 운전을 할 수 있는 사람이면 마음만 먹으면 누구나 대리운전을 할 수 있다. 하지만 그 마음을 먹는 게 문제다.

  주변에 아는 대리기사가 있거나 밤에 길거리에서 얼마든지 대리기사를 만날 수도 있다. 또는 상가나 식당이 밀집된 곳에는 대리기사 천막을 친 곳도 마주할 수 있다. 다가가서 그들에게 물으면 친절하게 방법을 안내해 줄 것이다. 아니면 인터넷에 '대리회사'라고 검색을 하고 그곳에 전화해서 문의해도 된다.

불편한 진실이지만 대리기사는 인생의 밑바닥에서 어려운 형편에 시작하는 경우가 대부분이다. 물론 회사에 다니면서 투잡으로 하는 사람도 있지만, 전업으로 하는 경우는 어려운 형편에서 시작하는 사람이 대부분이다.

사회적인 인식의 문제랄까. 자신이 대리기사가 되어야 한다는 사실은 그렇게 유쾌한 일은 아니다. 그러다 보니 선뜻 용기를 내기가 쉽지 않다. 나 같은 경우도 만약 〈교차로〉에 '2인 1조 앞차를 구합니다.'라는 구인광고가 없었다면 아마 대리운전을 시작할 엄두도 내지 못했을 것이다. 그걸 생각하면 인생이라는 건 참으로 알 수가 없는 것이다. 대리운전을 시작하고 얼마 안 돼 〈교차로〉에 대리기사를 구한다는 광고를 내는 것 자체가 사실 우스운 일이라는 걸 알게 되었다. 아무튼 여섯 명이나 면접을 보고 나를 선택해준 뒤차에 감사할 따름이다.

지금 이 글을 읽으면서도 망설이는 사람이 있다면 인터넷 검색을 하고 대리회사에 휴대폰을 들고 전화 한 통만 하면 된다. 다음에 해야지, 내일 해야지 하다 보면 기회는 영영 자신에게서 멀어질 수가 있다. 인터넷에 검색하는 것도 귀찮다면 식스대리운전 031-666-6666이나 대리go 1588-7066으로 지금 전화하기 바란다. 이 전화 한 통화가 당신의 어렵고 고통스러운 문제를 해결해주는 열쇠가 되고, 내가 그랬듯이 대리운전이 험한 세상의 다리가 되어 줄 수 있을 것이다.

1. 대리운전을 시작하는 건 방법론의 문제가 아니다. 마음만 먹으면 누구나 바로 시작할 수 있다.

2. 망설이지 말고 결심하고 '하겠다.'고 결정하는 게 중요하다.

3. 어렵고 힘든 당신에게 대리운전은 험한 세상의 다리가 되어 줄 것이다.

02 한 달에 들어가는 비용은?

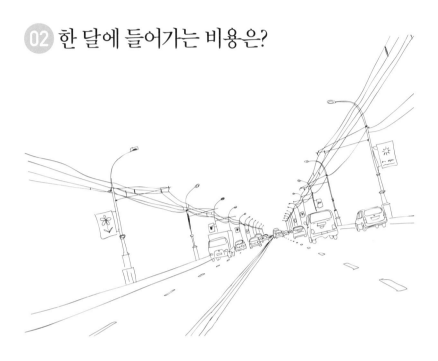

대리운전을 시작하는 데 보험료를 내는 것과 대리앱에 미리 충전해두어야 하는 비용 외에는 특별한 비용이 들지 않지만, 정기적으로 내야 하는 월 비용이 발생한다. 게다가 대리운전을 하면서 이용하게 되는 버스비나 택시비 같은 교통비와 간식비, 식사비 등이 간헐적으로 발생하게 된다. 전동휠을 이동수단으로 사용하면 빠르고 편리하기도 하고, 여러모로 비용을 절약할 수 있다.

각 대리앱에 미리 충전하는 금액은 3만 원 정도면 충분하다. 미리 충전해야 하는 이유는 손님이 현금으로 대리비를 내는 경우 수수료 20%를 충전금에서 떼야 하기 때문이다. 충전금액이 부족하거나 없으면 콜을 잡을 수가 없다. 대리운전을 하면서도 충전금액을 매일 체크하고 부족하지 않도록 미리 충전하는 걸 잊어서는 안 된다. 손님이 카드로 결제하는 금액은 대리앱에 자동으로 충전이 되며 필요할 때 언제든지 대리회사에 요청해서 자신의 통장으로 받을 수 있다.

1. 보험료 – 자신의 보험경력에 따라 차이가 난다. 나 같은 경우에는 사업을 오랫동안 하면서 직원들이 사용하는 차량을 모두 내 앞으로 개인보험을 들다 보니 사고경력이 많아 월 12만 원 정도의 월 보험료를 냈다. 형식적으로는 운전면허가 있으면 누구든 보험 가입을 하고 대리운전을 할 수 있는 것 같지만 대부분 보험회사에서 26세 이상으로 나이 제한을 두고 있다. 보험은 월 보험료가 있고, 건당 보험료가 있는데 전업으로 하거나 투잡으로 꾸준히 하는 대리기사는 월 보험료를 낸다.

2. 대리회사 사무실 운영비 – 2만 원

3. 대리앱 프로그램 사용료 – 개당 1만 5천원. 카카오대리는 비용이 없다. 나 같은 경우에는 5개의 대리앱을 사용하고 있어 월 7만 5천원의 비용을 냈다.

* 위의 세 가지 비용은 대리운전을 하고 있지 않아도 매월 사용되는 고정비용이다.

1. 간식비, 2. 식사비, 3. 교통비, 4. 휴대폰비용, 5. 대리앱 충전비용

– 간식비, 식사비, 교통비는 그날의 상황에 따라 지출이 되며, 휴대폰 비용은 대리운전을 할 때 손님과 통화를 많이 해야 하므로 가능하면 통화를 무제한으로 할 수 있는 '월 정액제'로 하는 게 좋다. 대리앱에는 3만 원 정도 충전해 둔다.

＊ 위의 다섯 가지 비용은 간헐적으로 들어가는 비용이다.

고정비용과 간헐적인 비용을 모두 합하면 개인적인 차이가 있을 수 있지만 대략 30만 원 정도의 비용이 발생한다. 이런 비용이 들어간다고 해서 '뭐야, 30만 원이나 비용이 든단 말이야.'라고 겁을 먹거나 걱정할 필요는 없다. 모든 비용은 대리운전을 하면서, 즉 돈을 벌면서 자연스럽게 들어가는 비용이기 때문이다.

03 진짜 월 5백만 원을 벌 수 있나?

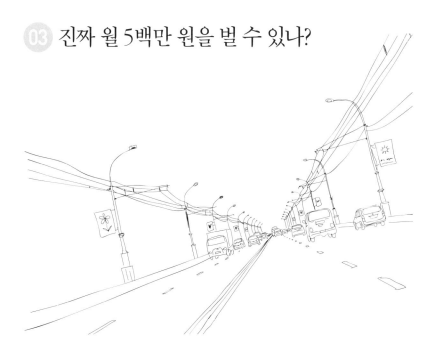

결론부터 이야기하자면 충분히 가능하다. 대신 꾸준히 해야 한다. 내가 마음대로 일을 할 수 있고, 놀 수 있다고 해서 기분 내키는 대로 일을 해서는 절대 월 5백만 원 이상을 벌 수 없다. 회사에서도 평직원과 대리, 과장의 월급이 다르듯이 처음부터 월 5백만 원을 벌 수 있는 것은 아니다. 보통 대리운전을 막 시작하면 시간당 2만 원을 버는데 시간당 버는 금액이 3만 원은 넘어야 월 5백만 원의 수입을 가져갈 수 있다.

나 같은 경우는 대리운전을 시작하면서 시간당 2만 원도 채 안 되는 수입으로 힘든 시간을 오래 보냈다. 그 이유는 다른 대리기사들과의 교류도 없었고 가끔 만나는 선배 대리기사들이 시간당 3만 원 이상을 번다는 말을 믿지 않고 의심했기 때문이다. 심지어는 시간당 3만 원을 번다는 이야기를 들으면 내가 초보라고 나를 놀리는 것으로 생각했다. 그리고 그런 말을 하는 선배 대리기사들을 괘씸하게 생각했었다.

믿지 않고 의심하다 보니 시간당 3만 원으로 수입을 늘릴 방법을 찾지 못했고, 오랫동안 육체적으로나 정신적으로도 힘든 시간을 보내야만 했다. 그러니까 수입은 적으면서 돈이 되는 포인트를 알지 못하고 여기저기 멀리 다니면서 고생만 한 것이다. 한 예로 금액이 큰 콜을 타면 무조건 돈을 잘 버는 방법이라고 생각하고 큰 금액만 생각하고 내가 있는 곳에서 먼 거리의 콜을 주로 잡고 다녔는데 몸만 힘들고 돈이 되지 않는 어리석은 방법이었다. 오히려 큰 금액을 쫓아다니는 것보다 내가 있는 곳에서 최대한 가까운 콜을 잡고 움직이는 것이 최상의 방법임을 나중에 알게 되었다.

평직원이 과장의 월급만큼 받을 수 없는 거와 마찬가지로 대리운전을 하면서 수입을 늘려갈 방법을 배우고, 스스로 연구해서 노하우를 쌓아가야만 원하는 수입을 얻을 수 있다. 그러기 위해서는 동료 대리기사나 선배 대리기사들을 만나 교류하고, '새벽을 달리는 사람들'이라는 카페에도 자주 들러 보고 배워야 한다.

처음에는 새로운 방법을 적용하고 시도하는 것이 두렵고 어려울 수도 있으나 그런 노력을 하지 않고는 수입을 늘릴 수 없다. 한두 번 새로운 시도를 하다 보면 자신만의 노하우가 생기고 수입도 늘어가면서 재미를 느낄 수 있을 것이다. 재미가 느껴지기 시작하면 수입이 늘어가는데 가속도가 붙기 시작한다. 그러면서 점점 자신만의 노하우도 늘어나고 일에 대한 자신감도 생기게 된다. 대리운전을 통해 월 5백만 원 이상의 수입은 결코 남의 일이 아니다.

1. 처음에는 시간당 2만 원의 수입에도 만족하며 다른 대리기사나 '새달사' 등을 통해 배운다.

2. 새로운 도전과 시도를 통해 자신의 노하우를 만들어나간다. 처음에는 실패해도 자책하거나 실망할 필요는 없다. 꾸준히 하면 그 실패가 자산이 될 것이다.

3. 시간당 3만 원의 수입이 되려면 개인적인 차이는 있지만 6개월 정도의 시간이 필요하다.

4. 시간당 3만 원이 되면 일하는 시간을 조정해서 5백만 원 이상의 수입을 충분히 만들 수 있다.

5. 시간당 3만 원의 수입이 되더라도 좀 더 꾸준히 공부하면 시간당 수입을 그 이상 늘릴 수 있다. 개인적으로 최대 시간당 수입은 3만 5천이라고 생각한다.

6. 월 5백만 원을 벌려면 1주일에 하루를 쉬고 25일간 일을 한다고 했을 때 일일 수입이 20만 원이 되어야 한다. 그럼 시간당 3만 원을 번다고 치면 하루 7시간을 일해야 한다. 시간당 3만 원의 수입은 수수료 20%를 제한 순 수입을 말하는 것이다.

- 19시~새벽 2시 : 19시에는 퇴근하는 차들로 도로가 막히는 것을 고려해서 일한다. 19시 30분이 넘으면 도로가 한산해지기 시작한다.
- 18시~새벽 1시 : 저녁 식사를 좀 일찍 하고, 일을 마치고 다시 간단하게 식사를 한다.

• 14시~23시 : 낮에는 시간당 3만 원이 안 되기 때문에 밤 11시까지 한다. 일하는 시간 중간에 식사를 한다.

※ 한 달 25일, 일을 한다는 가정으로 월 500만 원을 목표로 하루 20만 원을 벌기 위해 일하는 시간을 기록해 보았다. 앞의 시간은 딱히 정해진 것은 아니며 개인적인 차이가 있을 수 있다. 좀 더 수입을 늘리고 싶고 월 5백만 원 이상의 수입을 원한다면 일하는 시간을 늘리고 토요일과 일요일에도 일할 수 있다. 또한 자신의 목표만큼 더 많이 공부하고 더 많은 도전을 해봐야 한다. 대리운전이란 지극히 자신이 뛴 만큼 버는 일이다.

04 투잡으로 월 2백만 원을 벌 수 있나?

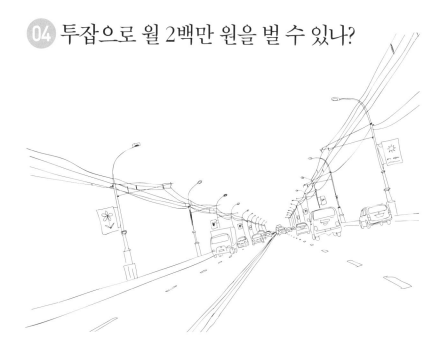

　당연히 얼마든지 가능하다. 나는 직장을 다니면서 투잡으로 대리운전 일을 하는 젊은이들을 상당히 많이 보았다. 밤거리에서 휴대폰을 유심히 보면서 걸어가는 젊은이가 있다면 십중팔구는 대리기사이다. 휴대폰으로 유튜브를 보거나 인터넷을 보면서 걸어가는 젊은이와는 걸음걸이나 모습이 전혀 다르다. 처음에는 투잡으로 대리운전을 하는 젊은이들을 볼 때면 '돈독이 오른 젊은이' 정도로 생각하면서 별로 좋지 않은 감정을 가졌었다.

　하지만 길거리에서 만나 투잡을 하는 젊은 대리기사들과 이야기를 나누게 되면서 생각이 바뀌기 시작했다. 대화를 해보니 그들은 대부분 집을 사면서 받은 대출을 갚기 위해 일을 하거나 적금을 붓기 위해, 이제 막 태어난 아기를 위해 직장 일을 마치고 대리운전을 하는 성실한 젊은 이들이라는 걸 알게 되었다. 그리고 그들 대부분이 평일에는 매일 꾸준히 일하고 있다는 사실을 알았다. 그들은 이구동성으로 이렇게 이야기하고 있었다.

"돈을 버는 것도 중요하지만요. 밤에 일하니까 돈을 쓸 일이 없다 보니 그게 더 돈을 벌게 해주는 것 같아요."

한창 젊은 나이에 직장을 다니면서 퇴근 후에는 만나고 싶은 친구들도 많고, 쉬는 날에는 이것저것 하고 싶은 것도 많을 텐데 그걸 모두 감내하고 대리운전을 하는 걸 보면 참으로 기특한 젊은이라는 생각이 들었다.

한 가지 놀라운 것은 투잡으로 하면서 월 2백만 원이 넘는 돈을 벌고 있다는 사실이다. 대리운전 초보 시절에는 전업으로 하는 나보다 낫다는 생각에 질투가 나기도 했었다. '대리운전은 열린 문'이라고 표현하고 싶다. 시작하고 싶을 때 언제든지 시작할 수 있고, 그만두고 싶으면 당장이라도 그만둘 수 있는 게 대리운전이다. 그것이 전업이든 투잡이든 말이다. 누구도 당신 옆에서 대리운전을 하라, 마라 참견하거나 뭐라 하지 않는다.

추가적인 수입을 원한다면 한 번쯤 도전해 볼 만한 일이라고 나는 생각한다. 그리고 투잡으로 꾸준히 해서 월 2백만 원의 수입을 올릴 수 있다면 결코 적은 금액이 아니다. 큰마음을 먹고 토요일과 일요일까지 일을 한다면 월 3백만 원 이상의 수입도 가능하다. 하지만 주말까지 쉬지 않고 일하는 것은 권하고 싶지 않다.

투잡으로 하면서 처음에는 집으로 돌아가는 복귀시간을 맞추는 데 어려움이 있을 수 있다. 다음날 출근을 해야 하는 직장인으로서 집으로 돌아가는 복귀시간은 여간 신경이 쓰이는 일이 아닐 것이다. 전업으로 하는 사람이야 새벽 늦은 시간까지 일을 해도 상관없지만, 직장인으로서 투잡을 하면서 복귀시간을 맞추는 것은 힘든 여정이 될 수도 있다. 하지만 대략 6개월 정도만 일을 해보면 원하는 복귀시간을 정해서 제시간에 집에 들어갈 수가 있다.

어느 지점에 도착해서 원하는 시간에 집에 돌아갈 것인가 하는 것은 처음 일을 시작하는 초보로서는 맞추기 힘들다. 일을 하다 보면 많은 시행착오를 겪게 되지만 그 시행착오가 재산이 되어서 포인트를 알게 되면 마지막 도착지점에서 집에 돌아가는 일이 자연스러워진다. 복귀시간을 맞출 수 있을 정도의 노하우와 실력이 있으면 일에 여유가 생기고 훨씬 쉽고 재미있어진다.

1. 퇴근 후 자유롭게 시간을 정해 일을 시작하면 된다.

2. 꾸준히 하면 월 2백만 원 이상의 수입을 올릴 수 있다.

3. 토요일과 일요일까지 일을 하면 월 3백만 원 이상의 수입도 가능하다. 하지만 주말까지 쉬지 않고 일하는 것은 권하고 싶지 않다.

4. 남들이 쉬는 밤에 일해야 하는 수고는 해야겠지만 월 2백만 원 정도의 추가적인 수입이 생긴다면 당신의 인생이 달라질 수도 있을 것이다.

5. 대리운전을 통해 세상을 보는 눈이 넓어진다. 이건 돈보다 귀중한 재산을 얻는 것이다. 나는 개인적으로 이것 때문에 투잡으로 대리운전을 해보라고 권하고 싶다.

6. 며칠만 해본다던가, 몇 달만 해볼 거라면 아예 시작도 하지 마라. 대리운전은 취미생활이나 재미로 하는 일이 아니다. 자본이 안 들지만 엄연한 사업이며 비즈니스이다. 이런 마인드가 장착되어 있지 않다면 시작하지 않는 게 좋다.

7. 6개월 정도 일을 하면 도착지점에서 원하는 복귀시간에 집에 갈 수 있는 노하우와 실력이 생긴다. 그때부터는 일에 여유가 생기고 재미있어진다.

05 퀵보드나 전동휠을 타야 하나?

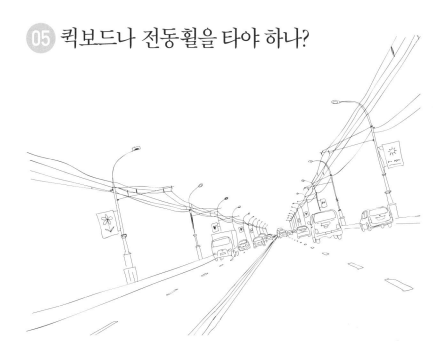

대리운전을 하다 보면 밤거리를 달리는 퀵보드나 전동휠을 많이 보게
된다. 2인 1조로 대리운전을 하다가 달리는 퀵보드를 보고 깜짝 놀란 적
이 있다. 내가 운전하는 차가 시속 50킬로미터로 터널 속을 달리고 있는
데 나를 앞질러서 가는 퀵도브를 본 것이다. 결국 나를 앞질러 간 퀵보
드는 시속 50킬로미터가 넘는 속도로 달린다는 사실인데 같은 대리기사
로서 순간적으로 아찔했다. 퀵보드로 저렇게 빨리 달리다니 사람이 아닌
저승사자가 지나쳐 가는 것처럼 느껴졌다. 사실 퀵보드나 전동휠에는 제
품출고 시에 일정 속도 이상을 달리지 못하게 락(Lock)이 걸려 있는데
그걸 풀고 다니는 것이다. 보통 시속 25킬로미터 정도로 속도제한이 걸

려있다.

　나도 2인 1조를 그만두고 홀로서기를 하면서 며칠 간은 도보로 해보고, 이건 아니다 싶어서 처음에는 퀵보드를 탔었다. 그런데 퀵보드는 손님 차에 싣고 내리는 게 여간 힘든 게 아니었다. 싣고 내릴 때 자칫 실수를 하게 되면 손님 차를 긁을 수도 있겠다는 생각에 긴장되기도 했다. 그리고 달릴 때 약간의 요동에도 그 충격이 그대로 몸에 전달되어 쉽게 지치고 힘들게 했다. 딱 일주일간 퀵보드를 타보고 나는 전동휠로 바꾸어 탔다.

　퀵보드를 타는 많은 대리기사가 작고 휴대가 편한 전동휠을 타고 싶어 하지만 못 타는 데는 이유가 있다. 그 이유는 퀵보드는 자전거만 탈 줄 알면 별도의 연습이 필요 없이 바로 탈 수 있지만, 전동휠을 타려면 연습이 필요하고, 연습하는 도중에 익숙해지기 전까지는 몇 번이고 넘어져서 몸을 다치는 것을 감수해야 하는데 그게 두렵고 겁이 나서 주저하게 되는 것이다.

　여기서 결론을 이야기하자면 전동휠은 외발이라 연습하는 과정이 필요하더라도 나는 퀵보드보다는 전동휠을 탈 것을 권한다. 전동휠은 외발이라 연습할 때 넘어지고 다치는 과정이 있다. 자전거를 처음 배울 때처럼. 하지만 그 과정만 벗어나서 익숙해지면 마치 자신의 발처럼 편하게 탈 수 있다. 손님의 차에 싣고 내리는 것도 아무 문제가 되지 않는다. 4년간 대리운전을 하면서 딱 두 번 자신의 차에는 전동휠을 실을 수 없다는 손님을 만나 보았다. 그 비싼 포르쉐나 벤츠S560도 트렁크에 싣고 운전을 했는데……. 거절했던 차 중에서 한 대는 구형 은색 소나타였고, 한 대는 구형 그랜저였다. 참으로 인생은 코미디이다.

한 가지 주의할 점은 충분한 연습을 해서 익숙해진 후에 전동휠을 타고 대리운전을 시작하라는 것이다. 나는 성질이 급해서 충분한 연습을 하지 않고 단 하루 세 시간만 연습하고 전동휠을 타고 대리운전을 시작해서 많이 넘어지고 자빠지는 사고를 당했다. 나 같은 시행착오는 겪지 않길 바란다. 전동휠을 연습하는 방법은 3장을 잘 읽고 참고하길 바란다.

전동휠을 타면 도보로 하는 것보다 편하고 먼 거리의 콜을 잡을 수 있어서 좀 더 많은 수입을 올릴 수 있다. 도보로 하는 것보다 한 달에 백만 원 이상의 수입을 더 올릴 수 있다. 전동휠을 타기 전에 충분한 연습을 한 후 익숙해진 다음에 대리운전을 시작해야 한다. 익숙해지기 전에 전동휠을 타면 사고에 노출될 위험이 커진다.

1. 퀵보드보다는 전동휠을 타는 것이 좋다. 다만 전동휠은 연습이 필요하다.

2. 퀵보드든 전동휠이든 과속은 금물이다. 속도제한을 풀지 말고 시속 25킬로미터 이하로 달릴 것을 권한다. 그러나 대부분 대리기사가 속도제한을 풀고 타는 게 현실이다.

3. 전동휠을 연습하는 방법은 '3장 전동휠 준비'를 참고한다. 충분한 연습은 기본 중의 기본이다.

4. 전동휠에 대한 전반적인 사항은 '3장 전동휠 준비'를 보면 도움이 될 것이다.

06 술 취한 손님을 상대할 수 있을까?

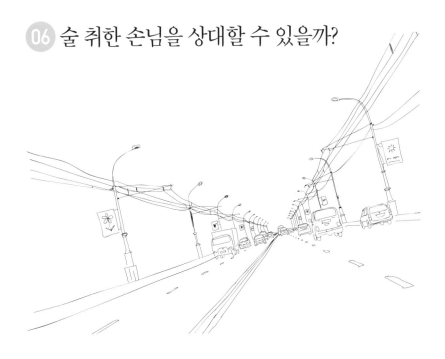

　나는 술을 굉장히 좋아하고 예전에는 대리운전을 많이 이용했던 사람 중 한 명인데도 불구하고 대리운전을 시작하면서 가장 힘들었던 것이 바로 술 취한 손님을 상대하는 것이었다. 처음에 막 일을 시작했을 때는 나도 모르게 대리운전을 하면서 팔과 어깨에 힘이 들어가고 긴장을 많이 했었다. 솔직히 술 취한 손님을 태우는 게 아니라 밀폐된 공간인 차 안에서 낯선 외계인을 만난 거 같은 기분이 들었다.

　오죽하면 일을 시작하고 며칠 만에 동탄 어느 아파트상가에서 술 취한 손님의 욕설 때문에 목놓아 엉엉 울었겠는가. 그렇게 서럽게 울었던 적은 어머님이 돌아가실 때 말고는 처음이었다. 만취한 손님을 태우고 아파트

주차장에 도착했는데 주차를 잘못했다면서 본인은 자다 깨기를 반복하며 갖은 폭언과 욕설을 하면서 30분 이상을 빙빙 돌게 했다.

지금 같으면 그런 일을 겪는다고 해도 별거 아니다. 그렇게 만취해서 집에 도착했는데 깨워도 미동도 하지 않거나 폭언과 욕설을 한다면 빈 곳에 차를 잘 주차하고, 주차된 모습을 휴대폰으로 사진을 찍고 그냥 일을 마치면 될 일이다. 폭언과 욕설은 휴대폰으로 녹음까지 했을 것이다.

초보 시절에는 술 취한 손님을 상대하는 게 결코 쉬운 일이 아니지만 익숙해지면 그것만큼 쉬운 일도 없다. 손님이 술 취해서 하는 행동은 익숙해지게 되면 어린아이가 투정을 부리는 정도로 보이게 된다. 나는 3개월 정도 대리운전을 하고 나니 술 취한 손님이 아무리 폭언을 하고 욕설을 해대도 그저 귀엽게 느껴질 정도였다. 그리고 그러한 행동이 결코 악의를 가지고 하는 것이 아니므로 충분히 이해할 수 있었다. 한편으로는 술기운을 빌려 어딘가에서 풀 수 없는 가슴속의 응어리를 풀어내려고 하는 하소연 같은 것일 수도 있다고 생각했다.

어차피 대리운전이란 술 취한 손님을 태우는 일이다. 그게 싫다고 포기할 수는 없는 일이다. 처음 3개월간은 술에 취한 손님을 상대하는 게 어렵고 화가 나는 일이겠지만 한 고비를 넘기고 나면 별일 아니다. 그저 참고 3개월 정도만 대리운전을 하면 저절로 해결될 일이니 크게 걱정을 하지 않아도 된다. 나는 초보 시절에는 술 취한 손님이 무슨 얘기를 하든 그저 '네, 네.' 하고 대답을 했던 거 같다.

가끔은 대답을 제대로 안 하고 '네.'라고만 한다고 화를 내는 손님도 있었다. 무슨 말인지 알아듣지도 못하는 말에 어떻게 제대로 된 대답을 한단 말인가. 익숙해지면서 적당히 맞장구도 칠 줄 알게 되었고, 필요할 때는 약간의 으름장을 놓아서 손님이 더는 욕설을 못 하게 할 줄도 알게 되었다.

대리운전뿐이겠는가. 모든 일이 처음에는 낯설고 어렵다. 유독 술 취한 손님을 상대하는 것만 어려운 일은 아니다. 직장생활을 한 적이 있다면 신입사원일 때를 생각해보라. 운전면허가 있다면 면허를 따고 처음 운전하던 때를 생각해보라. 어린 시절 자전거를 처음 배울 때는 어떠한가. 술 취한 손님은 내가 대리운전을 하면서 처음에 겁을 먹었던 것처럼 괴물이나 외계인이 아니다. 우리가 흔히 만날 수 있는 옆집 아저씨이고, 옆집 아줌마 같은 이웃 사람일 뿐이다.

1. 술을 자주 마시고 술을 좋아했던 나도 처음 대리운전을 시작했을 때는 술 취한 손님을 상대하는 게 무척 어렵고 힘든 일이었지만 3개월 만에 괜찮아졌다.

2. 근본적으로 대리운전은 술 취한 손님을 태우는 일임을 알자.

3. 술 취한 손님은 괴물이나 외계인이 아니라 우리의 이웃사촌 같은 사람일 뿐이다.

4. 3개월만 지나면 술 취한 손님의 행동이나 말이 귀여워질 수도 있다.

5. 대리운전을 하면서 술 취한 사람을 상대하는 일만 어려운 게 아님을 알자. 세상일이라는 게 처음에는 다 어렵고 힘든 것이다.

07 코로나19와 대리운전은?

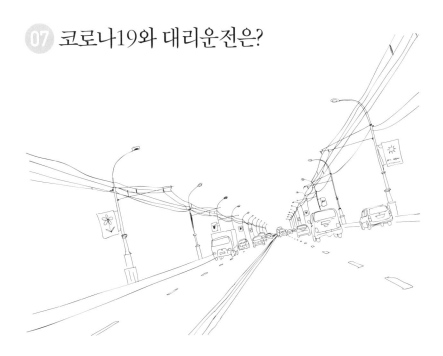

사실 코로나19로 인해 정부에서 음식점에 영업 제한을 시작했을 때 대리기사로서 기분은 절망 그 자체였다. 하지만 실제로 일을 해보니 별일 아니었다. 다만 영업 제한 시간이 생기므로 해서 피크타임이 앞당겨지고 일이 빨리 끝날 뿐 수입에도 크게 지장은 없었다. 피크타임이 앞당겨지면서 대리비 금액이 코로나19 전 피크타임보다 껑충 뛰는 바람에 수입에 크게 지장이 없었던 거 같다. 물론 손님이 일찍 끊겨서 더 일하고 싶어도 하지 못하고, 하루에 1~2만 원 정도 수입이 적어진 건 사실이지만 그것 때문에 걱정할 정도는 아니었다.

일을 좀 더 빨리 끝내야 했으니 대신 그 시간만큼 일을 좀 더 일찍 시작했다. 오히려 일을 빨리 시작하고 밤 12시 전에 일을 끝낼 수 있어 좋은 점도 있었다. 물론, 원래부터 오후 2시쯤부터 일을 시작해서 새벽 늦게까지 일을 하는 대리기사들에게는 큰 타격이었을 것이다.

지금 현재 분위기로는 코로나19 환자가 크게 확 늘어나지 않는 한 음식점의 영업 제한 조치 등은 없을 것 같다. 하지만 설사 다시 코로나19 환자가 크게 늘어서 음식점의 영업 제한 조치가 다시 시작된다고 해도 크게 염려할 일은 아니다. 다만 코로나에 걸리지 않도록 마스크 착용을 잘하고 운전하는 게 필요할 것이다. 코로나19로 인해 영업 제한이 있을 때 일을 하면서 손님으로부터 이런 질문을 많이 받았었다.

"기사님, 영업 제한 시간 때문에 요즘 많이 힘드시죠?"

이렇게 손님이 묻는데 곧이곧대로 영업 제한이 있어도 피크타임에 대리비 금액이 껑충 뛰어서 수입에 크게 지장이 없다는 내용 등을 일일이 설명할 수도 없고 그럴 필요도 없다. 에둘러서 손님이 걱정해주시는 대로 수입이 많이 줄어서 힘들다고 대답했다.

1. 코로나19로 인해 걱정할 만큼 수입이 줄지는 않는다.

2. 오히려 이른 피크타임에 수입을 많이 올리고 밤 12시 전에 일을 끝내서 좋은 점도 있었다.

3. 앞으로 다시 음식점에 영업 제한이 시행된다고 해도 크게 염려할 일은 아니다. 재차 영업제한이 시행될 확률은 극히 적은 것 같다.

4. 코로나19에도 항상 꾸준히 묵묵하게 일하는 자세가 중요하다.

별똥 같은 희망을 품고 대리운전에
도전할 수 있는 불씨가 되었으면…

　대리운전을 시작하면서 내가 인생의 밑바닥에 와있음을 알게 되었다. 아니 대리운전을 시작하기 전에 이미 나는 하루살이 인생을 살고 있었다. 인생의 밑바닥에 와있고, 나는 반지하 원룸에 살고 있었다. 밑바닥도 아닌 반지하 인생을 살고 있었던 것이다.

　언젠가 뉴스 기사에서 '자살확률이 높은 사람들'이란 내용을 본 적이 있다. 혼자 살고, 반지하 원룸에 살고, 나이는 50대 이상, 이혼한 남자, 수입이 일정하지 않은 사람 등등 처음에는 아무 생각 없이 기사를 보다가 관심을 가지고 보고 또 보게 되었다. 그리고 나는 마치 스릴러 반전 영화의 마지막 장면을 보는 것처럼 깜짝 놀라고 말았다. 뉴스에서 말하는 부류의 사람이 전부 나를 가리키고 있었기 때문이다. 중학 동창 친구가 한 얘기가 농담이 아니었다.

　"야, 인마. 왜 전화를 안 받는 거야. 너 전화 안 받으면 내가 얼마나 걱정하는지 아니?"

　대리운전을 시작하고 처음 1년여 동안은 세상을 원망하고, 하늘을 원망하는 마음으로 살았다. 나를 대리기사로 만든 세상을, 하늘을 원망했다. 새벽 2시 일을 끝내고 동료 대리기사를 만나 함께 식사하면서 막걸리를 마시고 집으로 돌아왔다. 함께 할 동료가 없을 때는 집에서 홀로 막걸리를 마셨다. 하루, 이틀 술을 마시다 보니 술을 마시지 않으면 잠을 잘수 없는 사람이 되어가고 있었다. 거의 매일 술에 취한 원숭이가 되어 잠들었다.

　처음 몇 잔은 내가 대리기사인 게 괴로워서 술을 마셨다. 술에 취하면 내가 매일 술을 마시고 있다는 사실이 부끄러워서, 그걸 잊기 위해서 술을 더 마셨다.

　대학생인 아들, 딸을 한 달에 한 번 정도 만났다. 만날 때면 얼마 되지 않는 금액이지만 용돈을 주었다. 식사를 하고 아이들과 함께 막걸리를 한잔할 때면 세상에 아들, 딸을 내게 보내준 신에게 감사할 만큼 행복하고 즐거웠다. 어느 순간 이런 생각을 하게 되었다.

　'내가 대리운전을 하는 덕분에 아이들을 만나 식사를 하고 용돈을 줄 수있는 것이다. 내가 왜 대리기사인 걸 원망해야 하는가. 오히려 감사해야할 일이지 않은가.'

　한편으로는 이런 생각도 하게 되었다.

'언젠가 책을 쓸 것이다. 나는 대리운전을 하는 게 아니라 오늘 밤 글감을 사냥하러 나가는 것이다.'

이제 그 사냥터에서 만난 글감을 모아 글을 쓰고 있다.

돌이켜 보면 세상살이란 누군가에게 상처를 입히고, 누군가에게 상처를 받으면서 사는 것이 아닌가 하는 생각을 하게 된다. 누가 나에게 상처를 주었던가. 그를 미워하고 복수의 칼날을 가는 것보다 누군가의 상처를 살피고 보듬고 돌보는 인생을 살 수 있다면 좋겠다.

세상을 원망하고, 세상에 대해 복수의 칼날을 겨누었을 때 그 칼끝이 나를 향하고 있음을 나는 대리운전을 하면서 깊이 깨닫게 되었다. 깨닫는 순간 나는 자유로울 수 있었다. 우연한 기회에 대리운전하다가 손님의 권유로 58세의 나이에 취업을 할 수 있었다. 월급은 쿠팡이츠와 대리운전을 할 때보다 많이 부족했지만 나는 글을 쓰기 위해 취업을 선택했다.

끝으로 어둡고 차가운 새벽 거리에서 편의점 음료수 한 병으로, 해장국집에서 막걸리 한잔으로 아낌없는 조언을 해준 이름 모를 선배 대리기사님들에게 감사의 말씀을 전한다. 누군가 이 책을 읽고 별똥 같은 희망을 품고 대리운전에 도전할 수 있는 불씨가 되었으면 하는 바람이다.

세상에 부끄러운 직업은 없다. 자기 일을 부끄럽다고 생각하는 사람이 있을 뿐이다.